职业教育汽车类专业新形态系列教材

汽车电工电子基础

主　编　杨亚芳　刘金劲
副主编　朱慧婷　杨　凡　于新刚
参　编　徐　涛　余丽媛　牛日雪　刘铸峰　王丽姣

机械工业出版社

本教材根据汽车维修职业需求、汽车维修类技能高考大纲以及 1+X 职业技能等级证书标准组织课程内容；"以能力为本位，以工作过程为导向，以职业活动为主线，以任务为驱动"引入全新的任务驱动式教学模式，突出体现了以学生为主体，全面贯彻党的教育方针，落实立德树人根本任务，培养德智体美劳全面发展的社会主义建设者和接班人。

本教材包括安全用电、电路的认识、电路的分析、电容的认识、磁场的认识、直流电动机的认识、交流电的认识、自感与互感的认识和半导体器件的认识，共计 9 个项目、29 个任务。全教材以企业典型工作任务为驱动，充分考虑职业院校学生的认知规律，依照汽车维修作业工艺流程，以知识链接—拆卸—诊断—检修为知识技能结构，循序渐进、直观明了，便于学生掌握。

本教材可作为职业院校汽车类专业学生教学用书，也可作为职业技能培训和相关专业人员参考书。

为方便教学，本教材配有电子课件、习题答案等资源。凡选本教材作为授课用书的教师均可登录 www.cmpedu.com，以教师身份注册后免费下载或来电咨询：010-88379201。

图书在版编目（CIP）数据

汽车电工电子基础 / 杨亚芳, 刘金劲主编. -- 北京：机械工业出版社, 2025.3(2025.9重印). -- (职业教育汽车类专业新形态系列教材). -- ISBN 978-7-111-77737-3

Ⅰ. U463.6

中国国家版本馆 CIP 数据核字第 20254SH107 号

机械工业出版社（北京市百万庄大街22号　邮政编码100037）
策划编辑：于志伟　　　　　　责任编辑：于志伟
责任校对：曹若菲　王　延　　封面设计：张　静
责任印制：任维东
北京瑞禾彩色印刷有限公司印刷
2025年9月第1版第2次印刷
184mm×260mm・12.75印张・312千字
标准书号：ISBN 978-7-111-77737-3
定价：49.80 元

电话服务　　　　　　　　　网络服务
客服电话：010-88361066　　机 工 官 网：www.cmpbook.com
　　　　　010-88379833　　机 工 官 博：weibo.com/cmp1952
　　　　　010-68326294　　金 书 网：www.golden-book.com
封底无防伪标均为盗版　机工教育服务网：www.cmpedu.com

前言

Preface

党的二十大报告中创造性地提出职普融通、产教融合、科教融汇的"三融"战略，为职业教育发展指明了新方向。本教材根据汽车维修职业需求、汽车维修类技能高考大纲、1+X 职业技能等级证书标准组织课程内容编写，针对职业教育特点和规律，紧紧围绕高素质技能型人才培养目标，"以能力为本位，以工作过程为导向，以职业活动为主线，以任务为驱动"引入全新的任务驱动教学模式，突出体现了学生的主体地位。将习近平新时代中国特色社会主义思想和党的二十大精神融入教材，全面贯彻党的教育方针，落实立德树人的根本任务，培养德智体美劳全面发展的社会主义建设者和接班人。

本教材结构合理、层次清晰，将汽车电工电子知识技能进行有机结合，并且插入大量结构图与实物图，更加有利学生认知和学习，同时检修与诊断采用"实物检修流程"图，将知识与技能融合进行二维转化，便于学生理解，降低故障诊断与检修知识与技能点的传授难度。

本教材在内容编写上具有以下特点：

1. 教材组织架构循序渐进。根据中职学生身心发展规律及接受、理解知识的思维习惯，对汽车电工电子基础任务实例进行系统化讲解和演示，使教材设计符合职业教育理念；以升学与就业双渠道为导向，强化专业理论基础教育和技术技能培养，符合高素质中、初级汽车专业使用人才培养需求。

2. 在编写体例上，以项目为载体、以工作任务为引领，将职业素养有机地融入任务目标。任务实施中着力培养学生职业核心素养和技能，把培养学生职业素养放在突出位置，并在课题中设置"知识点归纳"内容，便于学生理解和记忆。

3. 设置案例任务引领。每个学习任务都由岗位实际工作案例导入，贴近生产实际，便于学生产生学习共鸣，激发学习兴趣，学习目标明确，从而在学习时做到心中有数，有的放矢。

4. 在教学评价方面，坚持激励性过程评价和成功体验性结果评价相结合，即对学生学习过程表现和最后实训成果进行评价，评价要素明确、直观、实用，可操作性强，可以很好地调动学习积极性。

本书由杨亚芳、刘金劲担任主编，朱慧婷、杨凡、于新刚担任副主编，参与编写的有徐涛、余丽媛、牛日雪、刘铸峰、王丽姣。

限于编者的经历和水平，书中难免有不妥或错误之处，敬请广大读者批评指正。

编　者

目录

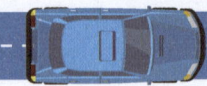

前言
项目一　安全用电 1
　　任务一　认识电工实训室 2
　　任务二　安全用电常识 7
项目二　电路的认识 14
　　任务一　搭建简单电路 15
　　任务二　认识电阻元件与电路中基本物理量 19
　　任务三　判别电路的状态 27
项目三　电路的分析 33
　　任务一　分析简单电路——部分电路欧姆定律、闭合电路欧姆定律计算 34
　　任务二　连接负载电路——负载的串并联及计算 38
　　任务三　分析复杂电路——基尔霍夫定律计算 46
　　任务四　计算电能与电功率——最大输出功率 53
项目四　电容的认识 61
　　任务一　认识电容 62
　　任务二　认识电容器的连接方式 66
　　任务三　识别电容器 69
项目五　磁场的认识 74
　　任务一　认识电流的磁效应 75
　　任务二　认识磁场基本物理量 80
　　任务三　搭建继电器控制电路 84
项目六　直流电动机的认识 90
　　任务一　磁场对电流的作用 91
　　任务二　认识起动机 98
　　任务三　认识三相异步电动机 104
项目七　交流电的认识 109
　　任务一　认识电磁感应现象 110

任务二	认识正弦交流电	117
任务三	认识交流发电机	125
任务四	认识三相交流电	135

项目八　自感与互感的认识　143

任务一	认识自感与互感	144
任务二	认识变压器	157
任务三	认识点火线圈	163

项目九　半导体器件的认识　169

任务一	认识半导体	170
任务二	识别二极管	175
任务三	分析整流电路	183
任务四	认识晶体管	190

参考文献　197

项目一

安全用电

➡ 【项目概述】

    电能是一种经济、实用、清洁且容易控制和转换的能源形态，它的广泛应用促进了人类近代史上第二次技术革命，有力地推动了人类社会的发展，极大地改善了人类的生活。然而在用电过程中，存在着触电造成人身伤亡，设备漏电产生的电火花酿成火灾、爆炸，高频用电设备产生电磁污染等问题。怎样既安全又科学地用电，是每个人必须重视的问题。

 任务一　　认识电工实训室

在进行汽车电路的检查与维修过程中，需要用到专业的电工工具和仪器仪表。实训室配置了常用的电工工具、仪器仪表、电机和电气设备、汽车电路实训车辆等。通过电工技能实训，可以使学生初步掌握常用电工工具、仪器仪表的使用，并了解汽车电路的基本结构。

知识目标	技能目标	素养目标
1. 了解电工实训室的电源配置，认识常用的电工工具和仪器仪表 2. 了解常用工具的使用	1. 掌握测电笔的使用方法 2. 会用万用表测量交流电压 3. 会用绝缘电阻表测量绝缘性能	培养劳动精神，提高解决问题的能力

我国工业生产和居民生活用电是采用"三相四线制"供电的交流电，即三根相线和一根中性线。任意一根相线与零线之间的电压为220V，供给居民使用；任意两根相线之间的电压为380V，供给工农业生产使用。

一、电工实训室

电工实训室的电源配置一般都有220V和380V两种规格交流电。220V交流电供一般的电工仪器使用，380V交流电供三相交流电动机使用。实训室配电盘一般由电源开关（闸刀开关或空气开关）、熔断器和仪表盘等组成，如图1-1-1所示。

图1-1-1　电工实训室

二、常用电工仪器仪表

1. 测电笔

测电笔是一种低压验电器，能直观地确定被测试导线、用电器和电气设备上是否带电，是电工最常用的工具。测电笔一般由金属探头、降压电阻、氖管透明绝缘套、弹簧和挂钩等组成，如图 1-1-2 所示。

2. 万用表

万用表是一种多功能、多量程的便携式电工仪表，一般的万用表可以测量直流电流、直流电压、交流电压和电阻等。有些万用表还可测量电容、二极管、晶体管等元器件的参数。常见的万用表有指针式和数字式两大类，如图 1-1-3 所示。

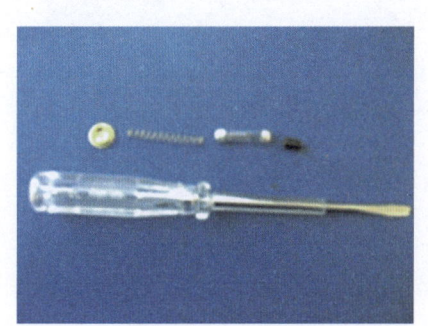

图 1-1-2　测电笔

a) 指针式万用表

b) 数字式万用表

图 1-1-3　万用表

万用表的安全操作规程如下：

1）使用前应熟悉万用表各项功能，根据被测量的对象，正确选用档位、量程及表笔插孔。

2）当被测数据大小不明时，应先将量程开关置于最大值，而后由大量程档位向小量程档位逐渐切换，使仪表指针指示在满刻度的 1/2 以上处即可。

3）测量电阻时，在选择了适当倍率档后，将两表笔相碰使指针指在零位，如指针偏离零位，应调节"调零"旋钮，使指针归零，以保证测量结果准确。如不能调零或数字式万用表发出低电压报警，应及时检查。

4）在测量某电路电阻时，必须切断被测电路的电源，不得带电测量。

5）使用万用表进行测量时，要注意人身和仪表设备的安全，测试中不得用手触摸表笔的金属部分，不允许带电切换档位开关，以确保测量准确，避免发生触电和烧毁仪表等事故。

6）使用完毕后应将转换开关置于空档或交流电压最高档。

3. 绝缘电阻表

绝缘电阻表又叫作兆欧表或摇表，如图 1-1-4 所示，是专门用于测量绝缘电阻的仪表，计量单位是兆欧（MΩ）。绝缘电阻表主要用来检测供电电路、电机绕组电缆、电气设备等的绝缘电阻。

绝缘电阻表使用方法/步骤如下：

1）测量前必须将被测设备电源切断，并对地短路放电。

2）被测物表面要清洁，减少接触电阻，确保测量结果准确。

3）测量前应将绝缘电阻表进行一次开路和短路实验，检查绝缘电阻表是否良好。

4）绝缘电阻表使用时应放在平稳、牢固的地方，且远离大的外电流导体和磁场。

5）必须正确接线，绝缘电阻表上有三个接线柱，L 端接在被测物和大地绝缘的导体部分，E 端接在被测物的外壳或大地。

6）摇测时将绝缘电阻表放于水平位置，摇把转动时其端钮间不许短路。

7）读数完毕，将被测设备放电。

图 1-1-4　绝缘电阻表

三、常用工具

电工常用工具有钢丝钳、尖嘴钳、剥线钳、斜口钳和螺钉旋具等，如图 1-1-5 所示。

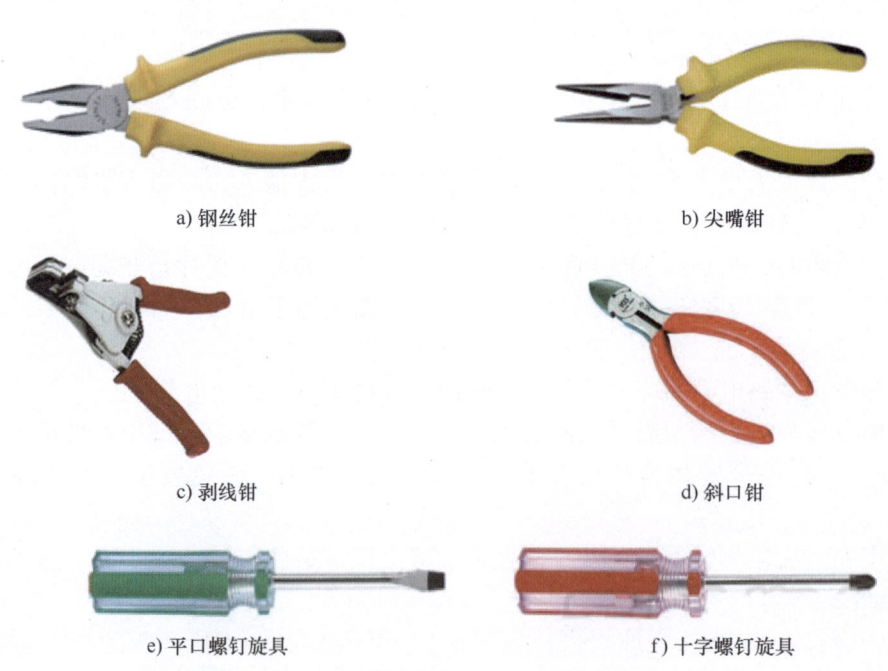

a) 钢丝钳　　　　　　　　　b) 尖嘴钳

c) 剥线钳　　　　　　　　　d) 斜口钳

e) 平口螺钉旋具　　　　　　f) 十字螺钉旋具

图 1-1-5　电工常用工具

一、准备工作

按表 1-1-1 准备工具、设备、元器件及导线,检查设备外观是否完好。

表 1-1-1　万用表使用的准备工作

序号	名称	型号与规格	单位	数量
1	蓄电池	DC 12V	块	1
2	万用表	MS8218、VC9808+	块	1
3	电阻	100Ω、50Ω	只	2

二、实验操作

连接电路,用万用表测量电阻两端的电压和通过的电流,并将测量结果填入表 1-1-2。

表 1-1-2　万用表测量记录表

步骤	操作方法	电阻数值	电压值	电流值
1	R_1			
2	R_2			
3	R_1+R_2			

万用表的使用任务评分标准见表 1-1-3,依照评分标准对任务完成情况进行评价打分。

表 1-1-3　万用表的使用任务评分标准

任务名称		组别		学生姓名		工位号	
						用时长	
序号	评价项目	评价要点	配分	学生自评	小组互评	教师评价	小计
1	知识理解	能了解万用表的功能	10				
		能讲述万用表的使用方法	10				
		能叙述万用表的使用注意事项	10				
2	实验操作	能正确使用万用表进行测量	10				
		按图正确连接,测量、正确分析实验结果	20				
		任务表单填写完整	10				

(续)

序号	评价项目	评价要点	配分	学生自评	小组互评	教师评价	小计
3	团队协作	参与组内学习，分享学习成果	10				
4	安全文明	遵守安全文明操作规程，无事故发生	10				
5	清扫清洁	按6S要求清理现场，摆放器件	10				
	总分			100			
	教师签名				总计		

1. 掌握万用表的功能、使用方法及注意事项

万用表可以测量直流电流、直流电压、交流电压和电阻等。有些万用表还可测量电容、二极管、晶体管等元器件的参数。万用表作为重要的电工仪表，应该严格按照操作规程使用。

2. 掌握绝缘电阻表的使用方法

绝缘电阻表是测量绝缘电阻的仪表，计量单位是兆欧（MΩ）。使用绝缘电阻表检测过程中，需要严格遵守操作规程，注意操作安全。

一、选择题

1. 低压验电器主要由工作触头、（　　）、氖泡和弹簧等部件组成。
   A. 钳口　　　　　　B. 齿轮　　　　　　C. 手柄　　　　　　D. 降压电阻
2. 钢直尺的长度有（　　）、300mm、500mm和1000m四种规格。
   A. 200mm　　　　　B. 150mm　　　　　C. 100mm　　　　　D. 50mm
3. 接触器主触头的额定电压应（　　）电气控制电路的额定电压。
   A. 低于　　　　　　B. 不等于　　　　　C. 大于或等于　　　D. 小于
4. 交流电压表扩大量程，可使用（　　）。
   A. 电流互感器　　　B. 互感器　　　　　C. 并接电容　　　　D. 电压互感器
5. 绝缘电阻表的E端接（　　）。
   A. 地　　　　　　　B. 电路　　　　　　C. 相线　　　　　　D. 正极
6. 就对被测电路的影响而言，电流表的内阻（　　）。
   A. 越大越好　　　　B. 越小越好　　　　C. 适中为好　　　　D. 大小均可
7. 就对被测电路的影响而言，电压表的内阻（　　）。
   A. 越大越好　　　　B. 越小越好　　　　C. 适中为好　　　　D. 大小均可

二、判断题

1. 万用表的红表笔插在（+）的插孔，黑表笔插在（-）的插孔。　　　　　　　　（　　）

2. 绝缘电阻表在摇测电动机绝缘电阻时，可将 L 端或 E 端接至电动机的外壳。（　　）
3. 局部电路的欧姆定律表明，电阻不变时电阻两端的电压与电阻上的电流成反比。
（　　）
4. 新参加电气工作的人员不得单独工作。（　　）
5. 电源电压不变时，电阻元件上消耗的功率与电流的平方成正比。（　　）
6. 并联电路中各支路上的电流不一定相等。（　　）
7. 测量过程中不得转动万用表的转换开关，而必须退出后换档。（　　）

任务二　安全用电常识

任务导入

人体是导体，人体触及带电体并形成电流通路造成人体伤害，这就是触电。人触电就一定会致死吗？发生触电事故的原因有哪些？人体安全电压值是多少？在安全电压下就一定安全吗？

任务目标

知识目标	技能目标	素养目标
1. 了解用电安全的基础知识 2. 掌握汽车上的用电安全知识	掌握安全用电技能，熟练掌握消防用品的使用方法	培养安全意识、劳动精神，提高解决问题的能力

知识链接

一、电流对人体的危害形式

1. 电击

电击是指由于电流通过人体而造成人体内部组织的反应和病变破坏，使人出现刺疼、痉挛、麻痹、昏迷、心室颤动或停跳、呼吸困难或停止等现象。

2. 电伤

电伤是指电流对人体外部造成的局部伤害，包括电灼伤、电烙印、皮肤金属化等。

在高压触电事故中，电击和电伤往往同时发生，日常生产和生活中的触电事故绝大部分都是由电击造成的。同时，人体触电事故还会引起二次事故（如高空跌落、机械伤人等）。

二、电流对人体的危害程度

电流对人体的危害程度与下列因素有关：

电流的大小：电流越大，伤害也越大。一般情况下，感知电流为 1mmA（工频），摆脱电流为 10mA，致命电流为 50mA（持续时间 1s 以上），安全电流为 30mA。

电流持续的时间：时间越长，危害越大。
电流的频率：工频电流对人体的伤害程度最为严重。
电流通过人体的部位：以通过心脏、中枢神经（脑、脊髓）、呼吸系统最为危险。
人体的状况：与触电者的性别、年龄、健康状况、精神状态等有关。

三、触电

1. 触电原因

常见的触电原因有违章冒险、缺乏安全用电常识、意外触电，如图 1-2-1 所示。

图 1-2-1　常见的触电原因

2. 触电形式

单相触电：是指人体站在地面或其他接地体上，人体的某一部位触及电气装置的任一相所引起的触电。

两相触电：是指人体同时触及任意两相带电体的触电方式。

跨步电压触电：当人体两脚跨入触地点附近时，在前后两脚之间便存在电位差，即跨步电压，由此造成的触电称为跨步电压触电。

常见的触电形式如图 1-2-2 所示。

图 1-2-2　常见的触电形式

3. 防触电的安全措施

（1）安全电压　我国及 IEC（国际电工委员会）都对安全电压的上限值进行了规定，

即工频下安全电压的上限值为50V，其电压等级有42V、36V、24V、12V、6V。

（2）安全间距　为防止带电体之间、带电体与地面之间、带电体与其他设施之间、带电体与工作人员之间因距离不足而在其间发生电弧放电现象引起电击或电伤事故，应规定其间必须保持的最小间隙即为安全间距。

（3）屏护　屏护是指将带电体间隔起来，以有效地防止人体触及或靠近带电体，特别是当带电体无明显标志时。常用的屏护方式有遮栏、栅栏、保护网。

（4）安全用具　防触电安全用具常见的有绝缘手套、绝缘靴和绝缘棒三种。

1）绝缘手套：由绝缘性能良好的特种橡胶制成，有高压和低压两种。操作高压隔离开关和油断路器等设备、在带电运行的高压电器和低压电气设备上工作时使用，预防接触电压。

2）绝缘靴：也是由绝缘性能良好的特种橡胶制成的，在带电操作高压或低压电气设备时使用，防止跨步电压对人体的伤害。

3）绝缘棒：又称为绝缘杆、操作杆或拉闸杆，用电木、胶木、塑料、环氧玻璃布棒等材料制成，如图1-2-3所示。

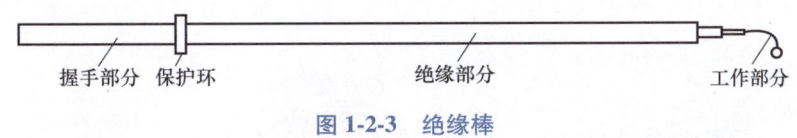

图1-2-3　绝缘棒

四、认识插头与插座

1. 电器的基础知识

（1）常见电器的相关符号含义及标示方法　常见电器的相关符号含义及标示方法详见表1-2-1。

表1-2-1　常见电器的相关符号含义及标示方法

电器相关符号	~或AC	-或DC	N（Neutral Wire）	⏚	L（Live Wire）
含义及标示方法	交流电	直流电	中线	地线	相线

表示额定电流和额定电压的数字可并排标注，或用斜线隔开，或把额定电流的数字放在额定电压数字的上面并用一条水平线隔开，电源性质的标志应紧靠在后面。如额定电流为16A，额定电压为250V的交流电源可标示为：16A 250V~或16/250~。

强电和弱电是以人体的安全电压来区分的，36V以上的电压称为强电，36V以下的电压称为弱电。电话插口、计算机插口、网络数据插口属于弱电类。

（2）使用安全介绍　在电源插座上均标有额定电压与电流，用以说明电源插座能够承受的最大电压与电流值。电压与电流的乘积为电功率，此数值若比插座的额定功率低，便能安全使用。相反，所用电器的总功率大于多联插座的额定功率便不安全了。

2. 插头与插座的功用

插头与插座的作用是可以不借助任何工具进行插入与拔出，并且不损坏插头与插座的任何部分而达到电气连接和机械连接的作用。

插头是指具有设计用于与插座的插套相插合的插销,并且装有用于与软电缆进行电气连接和机械定位部件的电气附件。

插座是指具有设计用于与插头的插销相插合的插套,并且装有用于连接软缆端子的电气附件。常用插头与插座的分类一般有以下两种:

1)按极数分:2P、2P+(常用)、3P+、4P+。

2)按额定电流分:6A/250V、10A/250V(常用)、16A/250V(常用)、16A/440V,其中,美标的有10A/125V、15A/125V、15A/250V等。

五、认识灭火器材

1. 合理选用灭火器的类型

灭火器是一种轻便的灭火工具,它可以用于扑救初期火灾,控制火势蔓延。不同种类的灭火器,适用于不同物质引发的火灾,其结构和使用方法也各不相同。首先,灭火器的种类很多,按其移动方式可分为手提式和推车式;生活中主要按所充装的灭火剂进行分类,使用较多的灭火器有泡沫灭火器、二氧化碳灭火器及干粉灭火器,如图1-2-4所示。

图1-2-4 灭火器

在选用灭火器时,应着重考虑以下几点:

第一,灭火器的灭火级别应符合相应配置场所火灾危险等级。

第二,同一配置场所配置的不同类型灭火器的灭火剂必须相溶。

第三,还应特别注意灭火器内填充的灭火剂对于环境的影响。由于卤代烷类产品(1211灭火器)对大气臭氧层具有破坏作用,国际上许多国家已经限制了卤代烷在灭火器内的使用。

2. 几种常见灭火器

(1)干粉灭火器　干粉灭火器是利用二氧化碳气体或氮气气体作为动力,将筒内的干粉喷出灭火。干粉灭火器按移动方式可分为手提式、背负式和推车式三种。主要用于扑救石油、有机溶剂等易燃液体、可燃气体和电气设备的初期火灾,不能扑救金属燃烧火灾。使用外装式手提灭火器时,一只手握住喷嘴,另一只手向上提起提环,干粉即可喷出。

(2)泡沫灭火器　打开开关时泡沫从灭火器中喷出,覆盖在燃烧物上,使燃着的物质与空气隔离,并降低燃烧物温度,达到灭火的目的。适用于扑救一般B类火灾(液体或可熔化固体燃烧的火灾），如油制品、油脂等火灾，也可适用于 A 类火灾中有机物质燃烧的火灾，但不能扑救 B 类火灾中的水溶性可燃、易燃液体的火灾，如醇、酯、醚、酮等物质的火灾，也不能扑救带电设备及 C 类和 D 类火灾。

（3）二氧化碳灭火器　二氧化碳灭火器价格低廉，获取、制备容易，其主要依靠二氧化碳不可燃、不助燃和具有冷却作用的特性灭火。灭火时，二氧化碳气体可以排除空气而包围在燃烧物体的表面，或分布于较密闭的空间中，降低可燃物周围或防护空间内的氧气含量，使燃烧条件不充足，从而达到灭火的目的。二氧化碳灭火器用于扑灭图书、档案、贵重设备、精密仪器、600V 以下电气设备及油类的初期火灾。

1. 灭火器的使用

1）准备工作：按照表 1-2-2 准备器材。

表 1-2-2　器材准备

序号	名称	型号与规格	单位	数量
1	干粉灭火器	3kg	个	1
2	柴油	200	g	1
3	金属桶	—	个	1

2）灭火器的使用：查阅相关说明书，进行灭火器的操作练习。

2. 清理现场

实操结束，断开电源，拆除电路元器件，按 6S 要求，清理现场，收拾工具、设备，整理操作台，清扫场地，完成任务评价表。

按表 1-2-3 完成安全用电常识任务评价表。

表 1-2-3　安全用电常识任务评价表

任务名称		组别			学生姓名		工位号	
							用时长	
序号	评价项目	评价要点	配分	学生自评	小组互评		教师评价	小计
1	知识理解	知道并理解安全用电的意义	10					
		知道汽车上安全用电知识	10					
		知道电设备电压电流标识	10					
2	实验操作	安全用电技能	10					
		消防用品的使用	20					
		任务表单填写完整	10					

(续)

序号	评价项目	评价要点	配分	学生自评	小组互评	教师评价	小计
3	团队协作	参与组内学习，分享学习成果	10				
4	安全文明	遵守安全文明操作规程，无事故发生	10				
5	清扫清洁	按6S要求清理现场，摆放器件	10				
总分					100		
教师签名				总计			

触电会对人体造成严重伤害，介绍安全用电基本常识，确保用电安全，防触电的安全措施。我国及IEC（国际电工委员会）都对安全电压的上限值进行了规定，即工频下安全电压的上限值为50V，其电压等级有42V、36V、24V、12V、6V。备好电工安全用具，常用的有绝缘手套、绝缘靴和绝缘棒等。

一、判断题

1. 电工作业人员包括从事电气装置运行、检修和试验工作的人员，不包括电气安装和装修人员。　　　　　　　　　　　　　　　　　　　　　　　　　　　　　（　　）
2. 电工是特殊工种，其作业过程和工作质量不但关联着作业者本身的安全，而且关联着他人和周围设施的安全。　　　　　　　　　　　　　　　　　　　　　（　　）
3. 不能带电压测量电阻，否则会烧坏测量仪表。　　　　　　　　　　　（　　）
4. 只要保持安全距离，测量电阻时，被测电阻不需断开电源。　　　　　（　　）
5. 高压电既会造成严重电击，也会造成严重电弧烧伤；低压电只会造成严重电击，不会造成严重电弧烧伤。　　　　　　　　　　　　　　　　　　　　　　　（　　）
6. 违章作业和错误操作是导致触电事故最常见的原因。　　　　　　　　（　　）
7. 发现有人触电，应赶紧徒手拉其脱离电源。　　　　　　　　　　　　（　　）
8. 绝大多数触电事故的发生都与缺乏安全意识有关。　　　　　　　　　（　　）
9. 触电事故一般发生在操作使用电气设备的过程中，而施工装拆中和维护检修中一般不会发生触电事故。　　　　　　　　　　　　　　　　　　　　　　　　　（　　）

二、选择题

1. 电工作业人员必须年满（　　）岁。
A. 15　　　　　　　B. 16　　　　　　　C. 17　　　　　　　D. 18
2. 装设接地线的顺序为（　　）。
A. 先导体端后接地端　　　　　　　　B. 先接地端后导体端

C. 可以同时进行　　　　　　　　　　D. 无装设顺序

3. 一般居民住宅、办公场所，若以防止触电为主要目的时，应选用漏电动作电流为（　　）mA 的漏电保护开关。

A. 6　　　　　　B. 15　　　　　　C. 30　　　　　　D. 50

4. 我国标准规定工频安全电压有效值的限值为（　　）V。

A. 220　　　　　B. 50　　　　　　C. 36　　　　　　D. 6

5. 绝缘电阻表手摇发电机输出的电压是（　　）。

A. 交流电压　　　B. 直流电压　　　C. 高频电压　　　D. 脉冲电压

6. 下列最危险的电流途径是（　　）。

A. 右手至脚　　　B. 左手至右手　　C. 左手至胸部　　D. 左手至脚

项目二

电路的认识

🡢【项目概述】

通过搭建简单的手电筒电路及检测汽车前照灯电路的相关物理量等任务,引入对电路的基本组成、电路中的基本物理量、电路的状态的学习。

 任务一　搭建简单电路

任务导入

手电筒电路图如图 2-1-1 所示,其是一个能实现照明功能的简单电路,当合上开关时,手电筒灯泡被点亮;断开开关时,手电筒灯泡熄灭。识读电路图,指出图中各组成部分名称及作用;按图连接电路,实现控制功能。

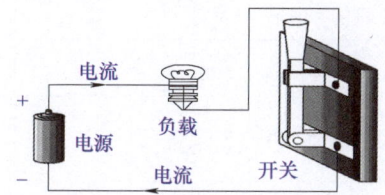

图 2-1-1　手电筒电路图

任务目标

知识目标	技能目标	素养目标
1. 能说出电路的基本组成及其作用 2. 会叙述汽车电路特点	1. 会按图连接简单的手电筒电路 2. 能说出图中各组成部分名称	1. 规范操作,提升职业素养 2. 勤动手多动脑,养成良好的学习习惯

知识链接

一、电路

电路是电流流过的路径,是电源、负载、开关通过导线,按照一定的方式连接,形成的闭合回路。

电源是将其他形式的能量转换成电能,给电路提供电能的设备。常见的直流电源有干电池、蓄电池和直流发电机等。

负载是消耗电能的设备,将电能转换成其他形式的能量,也被称为用电器,如电灯。在电路中,所有的负载都被看作是电阻。

开关是将负载与电源接通或断开的控制器件,如组合开关、继电器等。

电路的主要功能:传输、分配和转换电能,如手电筒电路;传递、处理电信号,如手机电路。

二、电路图

在设计、安装或修理各种设备和用电器的实际电路时,常常会用到表示电路连接情况的

图。这种将实际电路中的各元器件，用规定的图形符号表示电路连接情况的图，称为电路图，表 2-1-1 所示为常用电工图形符号，节选自我国 2009 年颁布的电气标准图形符号。

表 2-1-1 常用电工图形符号

名称	图形符号	文字符号	名称	图形符号	文字符号	名称	图形符号	文字符号
电池	⊣⊢	E	电灯	⊗	H	开关	/	S
电容	⊣⊢	C	电流表	Ⓐ		接地	⏚	GND
可变电容		C	电压表	Ⓥ		接机壳	⊥	GND
电阻	▭	R	直流发电机	Ⓖ		空心电圈	⌒⌒⌒	L
可调电阻		R	交流发电机	Ⓖ		铁心电圈		L
电位器		RP	直流电动机	Ⓜ		导线交叉点连接	+	
熔丝	▭	FU	交流电动机	Ⓜ		导线交叉点不连接		

三、汽车电路

图 2-1-1 所示的手电筒电路中，电源与负载之间是通过两根导线连接形成的闭合回路，这种连接方式称为双线制。在汽车上，为了节省导线及便于安装与维修，电源与负载之间通常只用一根导线连接，另一根导线则由车身（金属）代替形成回路，这种连接方式称为单线制，如图 2-1-2 所示。采用单线制时，汽车电源（蓄电池或发电机）的一端与车身连接，称为搭铁，用符号 ⏚ 或 ⊥ 表示。汽车大多采用电源的负极搭铁，形成了双电源、低压直流、单线制、负极搭铁、并联的电路特点。

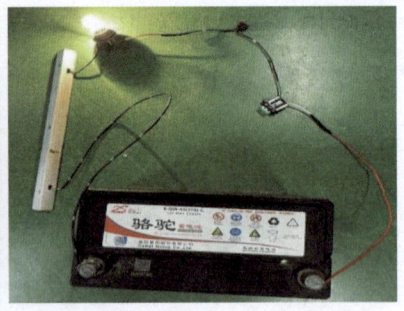

图 2-1-2 汽车电路负极搭铁单线连接图

一、准备工作

按表 2-1-2 准备工具、设备、元器件及导线，检查设备外观是否完好。

表 2-1-2 手电筒电路元器件清单表

序号	名称	型号与规格	单位	数量
1	蓄电池	DC 12V	块	1
2	开关	通用	只	1
3	灯	12V/10W	只	1
4	熔断器	10A	只	1
5	导线	BVR1.0mm^2	根	若干

二、连接电路

依照图 2-1-1 连接电路，要求能实现：开关闭合，灯亮；开关断开，灯灭。将操作结果填入表 2-1-3。

表 2-1-3 手电筒电路操作结果表

步骤	操作方法	操作现象	现象说明
1	闭合开关		
2	断开开关		

三、清理现场

实操结束，断开电源，拆除导线，按 6S 要求，清理现场，收拾工具、设备，整理操作台，清扫场地，完成任务评价表。

搭建简单电路任务评分标准见表 2-1-4，依照评分标准对任务完成情况进行评价打分。

表 2-1-4 搭建简单电路任务评分标准

任务名称		组别		学生姓名		工位号	
						用时长	
序号	评价项目	评价要点	配分	学生自评	小组互评	教师评价	小计
1	知识理解	能叙述电路的基本组成	10				
		能叙述电路的作用	10				
		会叙述汽车电路的特点	20				
2	电路连接	能整理出所需要的实训元器件	10				
		按图正确连接实现功能	10				
		任务表单填写完整	10				

(续)

序号	评价项目	评价要点	配分	学生自评	小组互评	教师评价	小计
3	团队协作	参与组内学习，分享学习成果	10				
4	安全文明	遵守安全文明操作规程，无事故发生	10				
5	清扫清洁	按 6S 要求清理现场，摆放器件	10				
总分				100			
教师签名				总计			

1. 电路

电路一般由电源、负载、开关和导线等组成。电路的主要作用有：传输、分配和转换电能；传递、处理电信号。

2. 汽车电路

在汽车上通常采用电源负极搭铁的连接方式，形成双电源、低压直流、单线制、负极搭铁、并联的电路特点。

一、选择题

1. 电源能将（　　）转换为电能。
   A. 化学能　　　　　B. 光能　　　　　C. 机械能　　　　　D. 电能
2. 负载能将（　　）转换为其他形式的能。
   A. 化学能　　　　　B. 光能　　　　　C. 机械能　　　　　D. 电能
3. 电路是由（　　）组成的。
   A. 电源　　　　　　B. 负载　　　　　C. 导线　　　　　　D. 开关
4. 汽车电路的特点有（　　）。
   A. 双线制　　　　　B. 串联　　　　　C. 单线制　　　　　D. 并联
5. 在汽车供电系统中作为汽车电源的是（　　）。
   A. 蓄电池　　　　　B. 发电机　　　　C. 蓄电池和发电机　D. 干电池

二、判断题

1. 电源能将风能转换成电能。　　　　　　　　　　　　　　　　　　　　（　　）
2. 电路可以传递和处理电信号。　　　　　　　　　　　　　　　　　　　（　　）
3. 导线在电路中可以传送信号、传输电能。　　　　　　　　　　　　　　（　　）
4. 汽车电路是低压直流电路。　　　　　　　　　　　　　　　　　　　　（　　）
5. 蓄电池在电路中必是电源，总是把化学能转换成电能。　　　　　　　　（　　）

 认识电阻元件与电路中基本物理量

 任务导入

电阻是汽车电路中最常见的电子元件之一，在汽车电路中，有众多与电阻相关的电路，同时在汽车电气与电子系统的检测中经常需要对电路进行检测，如图 2-2-1 所示的汽车前照灯电路，需要检测该电路的电流、电压以各点电位等基本物理量以及相关元件电阻，这些是学习电工电子的基础，对以后学习专业知识有着重要意义。那么该如何检测这些物理量呢？

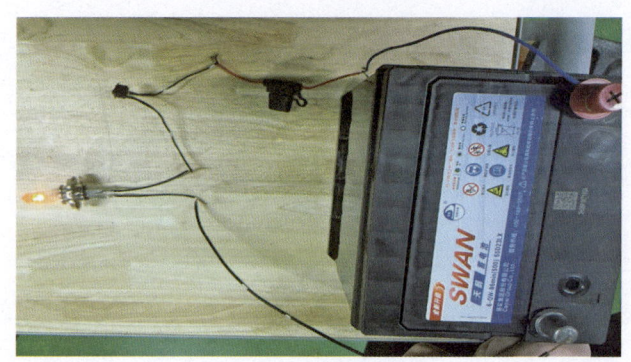

图 2-2-1　前照灯电路

 任务目标

知识目标	技能目标	素养目标
1. 能说出电阻的概念，会叙述色环电阻的读数方法 2. 能说出电阻、电位及电压的定义及检测方法	1. 会使用万用表测量电阻值，能根据色环识读电阻值 2. 会使用数字式万用表检测电阻、电位、电压	培养学生认真细致的工作习惯

 知识链接

一、电阻的概念

自然界中各种物质的导电程度并不相同，能够让电流通过的物质称为导体，不能让电流通过的物质称为绝缘体。另外，有些物质其特性介于导体与绝缘体之间，称为半导体。各种导体的导电程度也有不同，导体对电流的阻碍作用称为电阻，用符号 R 表示，单位为欧姆、千欧、兆欧，分别用 Ω、$k\Omega$、$M\Omega$ 表示，即

$$1M\Omega = 1\times 10^3 k\Omega = 1\times 10^6 \Omega，\ 1k\Omega = 1\times 10^3 \Omega$$

电阻的额定功率是除了电阻值外的一个重要目标。在选用电阻时，电阻的额定功率必须

19

大于消耗功率才行。

二、电阻率

电阻率 ρ 是一个反映物体导电性能的物理量。电阻率大的物体，导电性能差。

由实验可知，任何物质的电阻与电阻率、电阻长度成正比，与其截面面积成反比，即

$$R = \rho \frac{L}{S}$$

式中　L——导体的长度，单位为 m；

　　　S——导体的截面面积，单位为 m^2；

　　　ρ——导体的电阻率，单位为 $\Omega \cdot m$。

三、电阻率与温度的关系

物体的电阻率随着温度的变化而变化，如金属的电阻率随着温度的升高而增大，可制成温度计。当温度降低到某一数值时，某些材料的电阻突然减小到零，这种现象叫作超导现象，处于这种状态的物体叫作超导体。

四、电阻的识别

固定电阻通常用颜色来表示电阻值，有四色环（普通电阻）和五色环（精密电阻）两种表示法。

1. 四色环电阻值的读取

四色环电阻值表示法见表 2-2-1。第一、二环为有效数字，第三环为乘数环（即 10 的 n 次方环），第四环为允许偏差环。此表中的四环电阻值 $R = 26 \times 1\Omega = 26 \times (1 \pm 0.5\%)\Omega$。

表 2-2-1　四色环电阻值表示法

颜色	第一环	第二环	乘数环	允许偏差环	
黑色	0	0	1		
棕色	1	1	10	±1%	F
红色	2	2	100	±2%	G
橙色	3	3	1k		
黄色	4	4	10k		
绿色	5	5	100k	±0.5%	D
蓝色	6	6	1M	±0.25%	C
紫色	7	7	10M	±0.10%	B
灰色	8	8		±0.05%	A
白色	9	9			
金色			0.1	±5%	J
银色			0.01	±10%	K
无				±20%	M

2. 五色环电阻值的读取

五色环电阻值表示法见表 2-2-2。阻值的读取方法与四色环阻值基本相同，唯一区别是五色环电阻的有效数字有 3 位，即前三环颜色为有效数字，第四环为乘数环（即 10 的 n 次方环），第五环为允许偏差环。此表中的五环电阻值 $R = 263 \times 10k\Omega = 2630 \times (1 \pm 0.5\%)k\Omega$。

表 2-2-2　五色环电阻值表示法

颜色	第一环	第二环	第三环	乘数环	允许偏差环	
黑色	0	0	0	1		
棕色	1	1	1	10	±1%	F
红色	2	2	2	100	±2%	G
橙色	3	3	3	1k		
黄色	4	4	4	10k		
绿色	5	5	5	100k	±0.5%	D
蓝色	6	6	6	1M	±0.25%	C
紫色	7	7	7	10M	±0.10%	B
灰色	8	8	8		±0.05%	A
白色	9	9	9			
金色				0.1	±5%	J
银色				0.01	±10%	K
无					±20%	M

五、电位的定义

因为电的许多性质与水的性质相似，所以可以把电看作水更能帮助理解。水总是由高处流向低处，即由高水位流向低水位，与此相似，外电路中的电流也是从高电位点流向低电位点。也就是电荷在电路中每一点都有一定的电位。

电位是表示电荷在电路中某一点所具有的电位能的一个物理量，用符号 V 表示，如 a 点的电位为 V_a，b 点的电位为 V_b，电位的单位是伏特（V）。

为便于分析，在电路中常任选一点为参考点，其参考电位为零，习惯上常规定大地的电位为零，称为参考点。

六、电压的概念及方向

用一个导管将两个盛水的容器 A 和 B 连接起来，水将从水平面较高的容器 A 流向水平面较低的容器 B。水流是由容器 A 和容器 B 的水平面差即水压产生的，如图 2-2-2 所示。

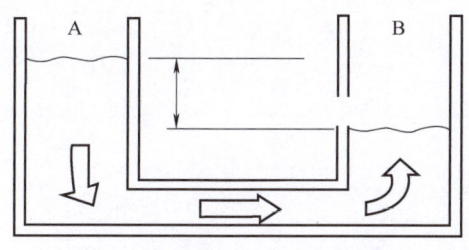
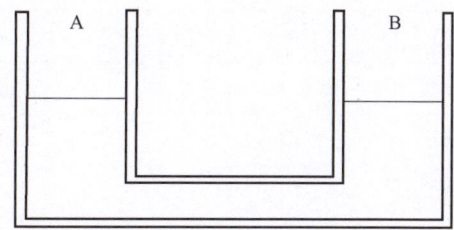

a) 因为有水平面差(水压)，所以水就流动　　　b) 因为没有水平面差(水压)，所以水不会流动

图 2-2-2　水流与水压

从电方面考虑，水平面相当于电位，水平面差产生水压相当于电位差产生电压，流动的水相当于电路电流。电流经过某一点能够流向另一点就是因为它们之间的电位不同，存在一个电位差，这个电位差称为这两点之间的电压。所以，电流的产生必须有电位差，如图 2-2-3 所示。

由此可见，电路中两点之间的电压就是该两点的电位差，即 $U_{AB} = V_A - V_B$

例：

如果 $V_A = 6V$，$V_B = 2V$，那么 A、B 之间的电压为多少？

$$U_{AB} = V_A - V_B = (6-2)V = 4V$$

电压的单位是伏特，用符号 V 表示，还有千伏（kV）、毫伏（mV）、微伏（μV）等。

1kV = 1000V，1V = 1000mV = 1000000μV

电压方向规定为由高电位指向低电位，即电位降方向。

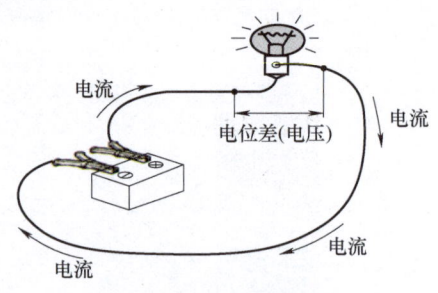

图 2-2-3　灯泡电路图

七、电动势

为维持电路中的电流流通而使灯泡不断发光，则必须需要电源力（非电场力）源源不断地把正电荷由负极移向正极。维持电压不变的这一装置称为电源。电源内部将其他形式的能量转换为电能，并在电源两极间建立的电位差称为电动势，用 E 表示。

电动势的方向由负极指向正极，即电位升方向，其单位也是伏特（V）。

一、准备工作

按表 2-2-3 准备相关工具、设备、元器件及导线，检查设备外观是否完好。

表 2-2-3　前照灯电路清单表

序号	名称	型号与规格	单位	数量
1	蓄电池	DC 12V	块	1
2	前照灯灯泡	12V/100W	只	1
3	熔丝	10A	个	1
4	开关 S_1	通用	只	1
5	灯 L_1	12V/10W	只	1
6	灯 L_2	12V/5W	只	1
7	灯 L_3	12V/2W	只	1
8	电阻 R_1	100Ω 2W	只	1
9	电阻 R_2	200Ω 2W	只	1
10	电阻 R_3	300Ω 2W	只	1
11	导线	BVR1.0mm²	根	若干
12	数字式万用表	伊莱科 EM33D+	块	1

二、用数字式万用表测量电阻的电阻值

步骤1:将功能/量程旋钮旋到欧姆档。
步骤2:将红表笔插入"V/Ω"端,黑表笔插入"COM"端。
步骤3:打开万用表电源开关,选择合适的量程。
步骤4:短接红黑两表笔,检测万用表内阻,如图2-2-4所示。

图 2-2-4　万用表内阻检测

步骤5:将两根表笔的测试端接到近光灯两端的导电部分,保持良好接触,被测电阻值将同时显示在显示屏上,如图2-2-5所示。

图 2-2-5　近光灯电阻值检测

数字式万用表量程档的位置和被测量的灯泡电阻关系的检测结果见表2-2-4。

表 2-2-4　检测结果

数字式万用表量程档的位置	数字式万用表的显示值	被测量的电阻值/Ω
200	0.6	0.3

三、连接电路并检测

1. 电位的测量

按图2-2-6所示连接电路,将数字式万用表红表笔插入万用表的V/Ω插孔,黑表笔插入万用表的COM插孔,选择合适的量程,确保最高电位能被测量。

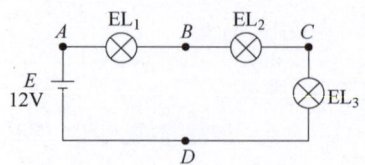

图 2-2-6　三灯泡串联电路图

数字式万用表量程档的位置和被测量的电位值关系的检测结果见表 2-2-5。

表 2-2-5　检测结果

序号	数字式万用表量程档的位置	数字式万用表的显示值	被测量的电位值
1	20V	11.96	11.96V
2	2V	1.781	1.781V
3	200mV	180.1	180.1mV

选 C 点为参考点，则 $V_C=0$。将黑表笔接 C，红表笔分别接 A、B、D，将测量结果填入表 2-2-6 中。

表 2-2-6　测量结果

电位 参考点	V_A	V_B	V_D
C 点			

2. 直流电压的测量

1）按图 2-2-7 所示连接电路，然后合上开关。

2）将数字式万用表红表笔插入万用表的 V/Ω 插孔，黑表笔插入万用表的 COM 插孔，选择合适的量程，确保最高电位能被测量，将数字式万用表与被测电路并联，即电流从万用表的正极（红表笔）流入，从负极（黑表笔）流出。测量电源的电压 E、灯 EL_2 的电压 U_{EL_2}。

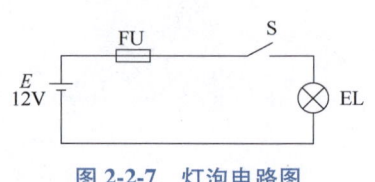

图 2-2-7　灯泡电路图

3）将测量结果填入表 2-2-7 中。

表 2-2-7　直流电压的测量结果

名称		E		U_{EL_2}
数字式万用表	量程档		量程档	
	读数		读数	
	测量值		测量值	

四、清理现场

实操结束，断开电源，拆除导线，按 6S 要求，清理现场，收拾工具、设备，整理操作台，清扫场地，完成任务评价表。

 **任务评价**

电阻检测任务评分标准见表 2-2-8，依照评分标准对任务完成情况进行评价打分。

表 2-2-8 电阻检测任务评分标准

任务名称		组别			学生姓名		工位号	
							用时长	
序号	评价项目	评价要点	配分	学生自评	小组互评		教师评价	小计
1	知识理解	能叙述电阻的定义，会利用公式计算阻值	20					
		能说出电位、电压的定义	10					
		会叙述色环电阻的读数方法	10					
2	电阻、电位、电压检测	能整理出所需要的实训元器件	10					
		能正确检测电阻值，会使用数字式万用表检测电位、电压	10					
		任务表单填写完整	10					
3	团队协作	参与组内学习	10					
4	安全文明	遵守安全文明操作规程，无事故发生	10					
5	清扫清洁	按 6S 要求清理现场，摆放器件	10					
总分			100					
教师签名				总计				

 **知识点归纳**

1. 电阻的概念与种类

各种导体的导电程度不同，即导体对电的阻碍程度不同，该阻力称为电阻，用符号 R 表示，单位有欧姆、千欧、兆欧，分别用 Ω、$k\Omega$、$M\Omega$ 表示。电阻有贴片电阻、碳膜电阻和特殊电阻等。

2. 电阻值的读取

固定电阻通常用颜色来表示电阻值，分为四色环（表示普通电阻）和五色环（表示精密电阻）两种表示法。

3. 电阻值的测量

电阻的电阻值一般用万用表的电阻档测量。测量时，用表笔接在电阻两端金属部位并保持良好接触即可测量电阻值。

数字式万用表量程档的位置和被测量的电阻值关系的检测结果见表2-2-9。

表 2-2-9　数字式万用表量程档的位置和被测量的电阻值关系的检测结果

序号	数字式万用表量程档的位置	数字式万用表的显示值	被测量的电阻值
1	200	100.1	100.1Ω
2	2k	0.471	0.471kΩ
3	2M	1.012	1.012MΩ

4. 电路的基本物理量

1）电位是表示电荷在电路中某一点所具有的电位能的一个物理量，单位是伏特（V）。

2）电压是电路中任意两点之间的电位差，即 $U_{AB}=V_A-V_B$，单位是伏特（V），电压方向规定为由高电位指向低电位，即电位降方向。电流的产生必须有电位差，所以有电流就一定有电压。电路中某点的电位等于该点到参考点之间的电压。电位的高低与所选定的路径无关，但电位与参考点的选择有关；两点之间的电压等于该两点电位之差，电压与参考点的选择无关。

3）电动势的方向由低电位指向高电位，即电位升方向，其单位也是伏特（V）。

5. 电压、电流的测量方法

1）电压测量时，万用表与被测电路并联，即电流从万用表的正极流入，从负极流出。

2）电流测量时，万用表必须串联接在被测回路中，电流从万用表的正极流入，从负极流出。

3）钳形电流表测量电流时应使导线处于正中位置，并与表垂直，在测量大电流后再测量小电流时要进行消磁。

思考练习

一、选择题

1. 关于导体的电阻，下列说法正确的是（　　）。
   A. 导体中的电流越大，其电阻越小　　B. 短导线的电阻比长导线的电阻小
   C. 导体两端的电压越大，其电阻越小　　D. 横截面面积相同的导线，电阻不一定相同

2. 用万用表测量电阻时，必须（　　）。
   A. 带电测量　　B. 放在电路中测量　　C. 断电测量　　D. 任意条件均可

3. 当用万用表测量较大电阻值时，不小心将两手接触在电阻两端，此时测量值会（　　）。
   A. 不变　　B. 偏大　　C. 偏小　　D. 先变大后变小

4. 电阻的定义是指（　　）。
   A. 导体对流经电流的阻碍作用称为电阻，单位为 Ω
   B. 导体对电流的阻止作用称为电阻，单位为 A

C. 有固定值电阻、可调值电阻两大类
D. 电路的阻值

5. 有一色环电阻，从左至右颜色如下，第一环为棕色，第二环为黑色，第三环为红色，允许偏差环为金色，则该电阻值为（　　）。

A. 10Ω　　　　　　B. 100Ω　　　　　　C. 1000Ω　　　　　　D. 10000Ω

二、判断题

1. 用万用表测量电阻值可在带电状况下测量。（　　）
2. 用万用表测量电阻时，手可以触及表笔和电阻等的导电部分。（　　）
3. 测量电位器时，只需测量两个固定端之间的阻值。（　　）
4. 万用表使用结束后应置于交流电压的最高档或 OFF 档。（　　）
5. 用模拟式万用表测电阻，更换量程档位后，都应进行调零。（　　）

任务三　判别电路的状态

任务导入

在前面的前照灯电路连接过程中，小明同学连接完毕后发现闭合开关，灯光无法点亮。应该如何判断电路的状态呢？如图 2-3-1 所示，在汽车电气与电子系统的检测及故障诊断中，常用测试灯、万用表来查找汽车电路断路、接触不良或短路的故障位置。学完本节内容应能熟练使用这几种工具检测电路故障并能准确判断出电路的状态。

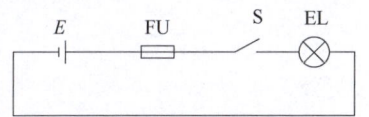

图 2-3-1　前照灯电路图

任务目标

知识目标	技能目标	素养目标
1. 能说出电路的工作状态 2. 会叙述欧姆定律及其公式	1. 会使用数字式万用表检测电路故障位置并判断故障类型 2. 能用测试灯查找电路中的故障位置	养成积极思考的习惯，提高逻辑思维能力

知识链接

一、通路

通路又称为闭路，就是电路各部分连接成闭合回路，通路状态如图 2-3-2 所示，这时电路中有电流通过。

汽车电气系统主要电路导线截面面积的推荐值见表 2-3-1。

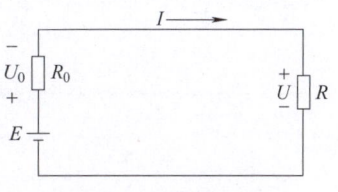

图 2-3-2　通路状态

表 2-3-1　汽车电气系统主要电路导线截面面积的推荐值

电路名称		标准横截面面积/mm²	电路名称	标准横截面面积/mm²
尾灯、顶灯、指示灯、仪表灯、牌照灯、刮水器电动机等		0.5	其他 5A 以上的电路	1.5~4
转向灯、制动灯、停车灯、分电器等		0.8	柴油机电热塞电路	4~6
前照灯的近光、电喇叭	3A 以下	1.0	电源线	4~25
前照灯的远光、电喇叭	3A 以上	1.5	起动电路	16~95

二、断路

断路又称为空载状态，就是电源与用电器未接成闭合回路，处于断开状态，这时电路中没有电流通过。断路状态如图 2-3-3 所示。

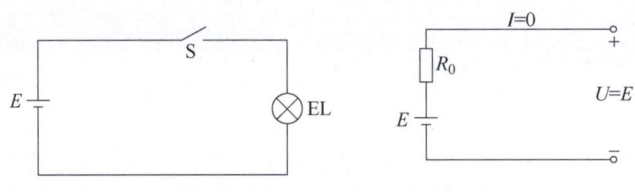

图 2-3-3　断路状态

断路时，电路中电流 $I=0$，电源内电阻上电压降 $U_0=R_0I=0$，电源输出端电压等于电源电动势，即 $U=E$。

三、短路

电源两端被电阻接近于零的导体接通时，这种情况叫作电源被短路，即电源输出的电流直接经导线流回电源，如图 2-3-4 所示，也就是将 a、b 用导线连接时的工作状态。

短路时，外电路总等效电阻 $R=0$，$U=0$，$I=E/R_0$；由于电源内电阻一般非常小，所以电源短路时，电流比正常工作时大得多。

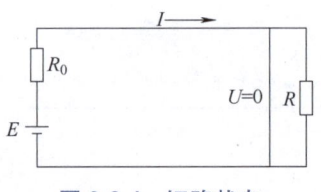

图 2-3-4　短路状态

一、准备工作

按表 2-3-2 准备工具、设备、元器件及导线，检查设备外观是否完好。

表 2-3-2　器材准备

序号	名称	型号与规格	单位	数量
1	蓄电池	DC 12V	块	1
2	灯 L_2	12V/5W	只	1

(续)

序号	名称	型号与规格	单位	数量
3	导线	BVR1.0mm²	根	若干
4	开关 S_1	通用	只	1
5	插接器	通用	个	2
6	数字式万用表	通用	块	1
7	测试灯	通用	只	1

二、连接电路并检测

1. 断路检查

（1）用万用表查找电路断路故障位置

1）电路图如图 2-3-5 所示，如果合上开关后，灯不亮，是什么故障？

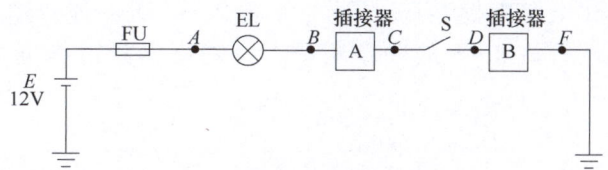

图 2-3-5　断路故障电路图

① 在上面的电路中，当开关 S 闭合，则说明电路某处断路，通过测量各端子可以找到断路点，从靠近电源端开始检测，按顺序依次往后面检测电位。

② 若检测结果见表 2-3-3，则说明插接器 A 断路。

表 2-3-3　断路故障检测结果一

测量位置	V_A	V_B	V_C	V_D	V_F
电位测量值	12V	12V	0	0	0
断路点位置	插接器 A 断路				

③ 若检测结果见表 2-3-4，则说明开关损坏。

表 2-3-4　断路故障检测结果二

测量位置	V_A	V_B	V_C	V_D	V_F
电位测量值	12V	12V	12V	0	0
断路点位置	开关损坏				

④ 若检测结果见表 2-3-5，则说明 F 与负极之间断路。

表 2-3-5　断路故障检测结果三

测量位置	V_A	V_B	V_C	V_D	V_F
电位测量值	12V	12V	12V	12V	12V
断路点位置	说明 F 与负极之间断路				

2）如图 2-3-6 所示，用万用表按 $V_1 \sim V_5$ 的顺序测量各端子电位，直到找出断路点位置，将测量结果记录到表 2-3-6。

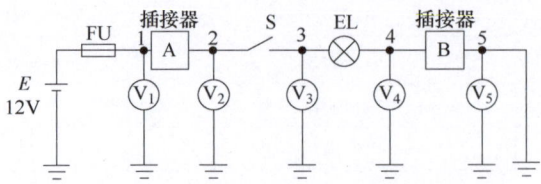

图 2-3-6　断路故障查找顺序示意图

表 2-3-6　断路故障查找结果

测量位置	1	2	3	4	5
电位测量值	12V	0	0	0	0
断路点位置					

（2）用测试灯查找电路断路故障位置　如图 2-3-7 所示连接电路，然后合上开关，但是灯不亮。请用测试灯按 $A \sim F$ 的顺序测量，直到找出断路点位置，将测量结果记录到表 2-3-7。

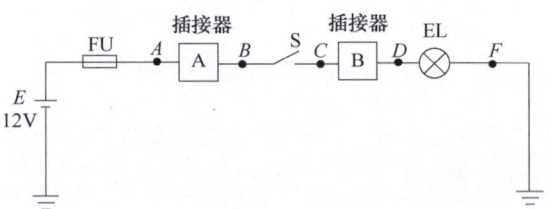

图 2-3-7　用测试灯查找电路断路故障顺序示意图

表 2-3-7　测试灯查找结果

测试点位置	测试灯	
	亮	不亮
A		
B		
C		
D		
F		
电路断路位置		

2. 短路检查

如图 2-3-8 所示电路，假如熔丝烧了，怎么查找电路短路位置？

首先断开开关，从电路中拆下熔断器 FU，断开各插接器。其次用数字式万用表检查每个端子与地之间是否短路。

1）将红表笔插入数字式万用表的正极端（V/Ω 插孔），黑表笔插入数字式万用表的负极端（COM 插孔）。

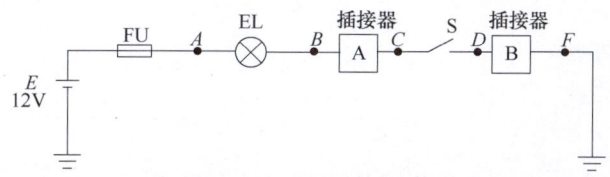

图 2-3-8 短路故障电路

2）功能开关转至标有蜂鸣器符号处。

3）黑表笔搭铁,让红表笔按 $A\sim D$ 的顺序触及被测点。

4）如果万用表表内蜂鸣器不发出声音,则说明这部分电路与地之间不通,没有短路,正常。

5）如果表内蜂鸣器发出声音,则说明这部分电路与地之间是通的,有短路。

三、清理现场

实操结束,断开电源,拆除导线,按 6S 要求,清理现场,收拾工具、设备,整理操作台,清扫场地,完成任务评价表。

判断电路的状态任务评分标准见表 2-3-8,依照评分标准对任务完成情况进行评价打分。

表 2-3-8 判断电路的状态任务评分标准

任务名称		组别			学生姓名		工位号	
							用时长	
序号	评价项目	评价要点	配分	学生自评	小组互评	教师评价	小计	
1	知识理解	能叙述通路、断路及短路的特点	10					
		能说出电路的各种检测工具	10					
		会叙述电路故障检测思路	20					
2	电路连接	能使用检测工具检测出电路故障部位	10					
		按图正确连接实现功能的电路	10					
		任务表单填写完整	10					
3	团队协作	参与组内学习	10					
4	安全文明	遵守安全文明操作规程,无事故发生	10					
5	清扫清洁	按 6S 要求清理现场,摆放器件	10					
总分			100					
教师签名					总计			

1. 电路的三种状态

1) 通路状态下，电路中的电流和能量才能传输和转换。

2) 断路状态下，电路中没有电流，电路中电流 $I=0$、电源输出端电压等于电源电动势，$U=E$。

3) 短路状态下，电源的端电压 $U=0$，短路电流 $I=E/r$ 比正常工作时大得多，要予以防止。常用熔断器作为短路保护。

2. 电路的检查

1) 断路检查。

步骤1：用万用表测量各端子电位可以找到断路位置。从近电源端开始，按顺序测量各端子电位；步骤2：用测试灯查找电路断路故障位置。

在两种检测方法中，通过测量电位寻找电路断路最为方便。

2) 短路检查。可用数字式万用表蜂鸣器档查找电路短路位置。

3) 电路接触不良检查。开关接点或插接器是否接触不良，可以通过检查电路电压降来确定，也可通过用电阻表测量电阻来确定，但是电阻表不能测量阻值太小的电阻。

一、选择题

1. 电路中有（　　）三种状态。
 A. 通路、断路、短路　　　　　　　　B. 支路、回路、网孔电路
 C. 绕路、开路、回路　　　　　　　　D. 放大、开关、测量

2. 电源电动势是2V，内电阻是0.1Ω，当外电路断路时，电路中的电流强度和电路端电压分别是（　　）。
 A. 20A，0　　B. 0，0　　C. 0，2V　　D. 20A，2V

3. 当一个灯泡忽亮忽暗，则说明该电路（　　）。
 A. 正常　　B. 短路　　C. 断路　　D. 接触不良

4. 测量电压时，万用表应与被测电路（　　）。
 A. 并联　　B. 串联　　C. 正接　　D. 反接

5. 测量电流时，万用表应与被测电路（　　）。
 A. 并联　　B. 串联　　C. 正接　　D. 反接

二、判断题

1. 电路检查时，跨接线的方法最方便。（　　）
2. 电路短路危险是由于电路中电压太大了。（　　）
3. 把电源内部从负极指向正极的方向，规定为电动势的实际方向。（　　）
4. 有电流就一定有电压。（　　）
5. 电动势也存在外电路中。（　　）

项目三

电路的分析

▶ 【项目概述】

在汽车电工电子技术中,电路的串并联关系对于理解电路的特性和性能至关重要。本项目旨在帮助学生掌握电路串并联关系及其计算方法,为后续的复杂电路学习和实践打下坚实的基础。

任务一　分析简单电路——部分电路欧姆定律、闭合电路欧姆定律计算

 任务导入

如图3-1-1所示电路中,已知电源电动势$E=24V$,内阻$r=2\Omega$,负载电阻$R=10\Omega$,求:1)电路中电流;2)电源的端电压;3)负载电阻R上的电压;4)电源内阻上的电压。

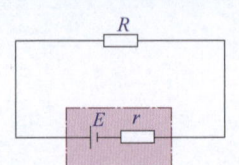

图3-1-1　电路图

 任务目标

知识目标	技能目标	素养目标
1. 理解部分电路欧姆定律和闭合电路欧姆定律的内容和公式,并会简单应用 2. 理解电流、电压和电阻之间的关系以及电源的外特性 3. 能够使用欧姆定律进行简单的计算	1. 通过运用欧姆定律解决实际问题,培养分析问题和解决问题的能力 2. 应用欧姆定律分析和解决实际的电学问题	1. 体会电路的严密性和逻辑性,激发学习电路的兴趣 2. 通过学习欧姆定律来提高学生的专业素养和独立解题的能力

 知识链接

欧姆定律的应用非常广泛,它可以帮助人们解决各种与电路相关的问题。例如,当人们需要设计一个电路时,欧姆定律可以帮助人们预测电路中的电流和电压,从而选择合适的电阻和其他元件。

需要注意的是,欧姆定律只适用于线性电路,即电路中元件之间的关系是线性的。对于非线性电路,欧姆定律可能不适用。此外,欧姆定律也假设温度等因素对电阻的影响可以忽略不计。

总之,欧姆定律是电路分析中非常重要的一个概念,它可以解决各种与电流和电压相关的问题。通过理解欧姆定律,可以更好地理解电路的工作原理,并选择合适的元件,来设计出符合要求的电路。因此,需要维修人员对欧姆定律的基础知识有全面的了解。

一、部分电路欧姆定律

一段电路中电阻元件的伏安关系服从欧姆定律,即$U=RI$或$I=U/R=GU$,其中,$G=1/R$,电阻R的倒数G叫作电导,其国际单位制为西门子(S)。

1. 导体的电阻

导体两端的电压与通过导体的电流的比值,叫作这段导体的电阻。

$$R=U/I$$

电压单位用伏特（V），电流单位用安培（A），电阻单位用欧姆（Ω），且 $1\Omega=1V/A$。常用单位：$1k\Omega=1000\Omega$，$1M\Omega=1000000\Omega$。

2. 伏安特性曲线

用纵轴表示电流 I，用横轴表示电压 U，画出 I-U 图线叫作导体的伏安特性曲线，如图 3-1-2 所示。

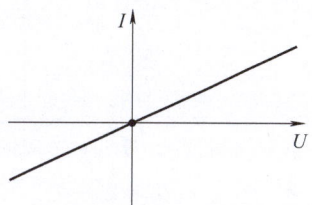

图 3-1-2　伏安特性曲线

二、电源外特性曲线

电源外特性曲线是表示电源的端电压与输出电流的关系，如图 3-1-3 所示。这条曲线与纵轴的交点，表示输出电流等于零。端电压的最大值，叫作空载电压。电源开路的曲线与横轴的交点，表示输出电流很大，叫作短路电流。端电压等于零，也就是电源被短路。

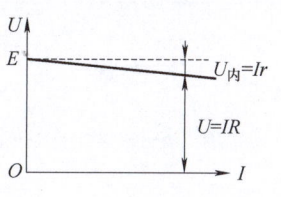

图 3-1-3　电源外特性曲线

三、闭合电路欧姆定律

在图 3-1-1 中，r 表示电源的内部电阻，R 表示电源外部连接的电阻（负载）。闭合电路，欧姆定律的数学表达式为

$$E=IR+Ir \text{ 或 } I=\frac{E}{R+r}$$

外电路两端电压

$$U=IR=E-Ir=\frac{R}{R+r}E$$

显然，负载电阻 R 值越大，其两端电压 U 也越大；当 $R\gg r$ 时（相当于断路），则 $U=E$；当 $R\ll r$ 时（相当于短路），则 $U=0$，此时一般情况下的电流（$I=E/r$）很大，电源容易烧毁。

【例】　如图 3-1-4 所示，当单刀双掷开关 S 合到位置 1 时，外电路的电阻 $R_1=14\Omega$，测得电流表读数 $I_1=0.2A$；当开关 S 合到位置 2 时，外电路的电阻 $R_2=9\Omega$，测得电流表读数 $I_2=0.3A$；试求电源的电动势 E 及其内阻 R_0。

解：根据闭合电路的欧姆定律，列出联立方程组

$$\begin{cases} E=R_1I_1+R_0I_1 \text{（当 S 合到位置 1 时）} \\ E=R_2I_2+R_0I_2 \text{（当 S 合到位置 2 时）} \end{cases}$$

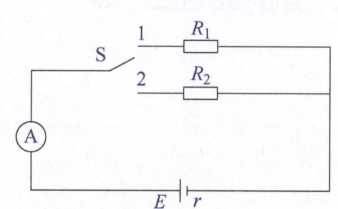

图 3-1-4　闭合电路图

解得：$R_0=1\Omega$，$E=3V$。本例题给出了一种测量直流电源电动势 E 和内阻 R_0 的方法。

某一线性电阻，两端电压 15V，电流 3A，当电流上升到 5A 时，电压多大，电阻为几欧姆？

一、准备工作

按表 3-1-1 准备工具、设备、元器件及导线，检查设备外观是否完好。

表 3-1-1 简单电路元器件清单表

序号	名称	型号与规格	单位	数量
1	蓄电池	DC 12V	块	1
2	开关		只	1
3	灯	12V/10W	只	1
4	熔断器	10A	只	1
5	导线	BVR1.0mm^2	根	若干

二、连接电路

根据图 3-1-1 连接电路，测量电压和电阻，将操作结果填入表 3-1-2。

表 3-1-2 简单电路操作结果表

步骤	操作方法	操作现象	现象说明
1	电流 3A 时		
2	电流 5A 时		
3			

三、清理现场

实操结束，断开电源，拆除导线，按 6S 要求，清理现场，收拾工具、设备，整理操作台，清扫场地，完成任务评价表。

简单电路分析任务评分标准见表 3-1-3。

表 3-1-3 简单电路分析任务评分标准

任务名称		组别		学生姓名		工位号	
						用时长	
序号	评价项目	评价要点	配分	学生自评	小组互评	教师评价	小计
1	知识理解	能叙述欧姆定律的内容	10				
		理解电流、电压和电阻之间的关系以及电源的外特性	10				
		能够使用欧姆定律进行简单的计算	20				
2	电路连接	运用欧姆定律	10				
		解决实际的电学问题	10				
		任务表单填写完整	10				

(续)

序号	评价项目	评价要点	配分	学生自评	小组互评	教师评价	小计
3	团队协作	参与组内学习，分享学习成果	10				
4	安全文明	遵守安全文明操作规程，无事故发生	10				
5	清扫清洁	按 6S 要求清理现场，摆放器件	10				
总分				100			
教师签名					总计		

 知识点归纳

1. 欧姆定律可以用数学公式表示为 $V=IR$，其中，V 表示电压，I 表示电流，R 表示电阻。这个公式说明，当电阻一定时，电流和电压成正比；当电压一定时，电流和电阻成反比。

2. 欧姆定律揭示了电路中电流、电压和电阻之间的内在联系。当电路处于平衡状态时，电流的大小取决于电压和电阻的乘积。如果电路中的电阻增大，电流就会减小，以保持电路中的电压不变，反之亦然。

3. 欧姆定律适用于金属导体和电解液导电的情况，而不适用于半导体和气体导电的情况。这是因为半导体和气体的导电特性与金属导体和电解液不同。在半导体和气体导电的情况下，欧姆定律可能不成立。

思考练习

一、选择题

1. 下列（   ）与电阻成正比。
   A. 电流   B. 电压   C. 电荷量   D. 功率

2. 在一个闭合电路中，当电压一定时，下列（   ）与电阻成反比。
   A. 电流   B. 电压   C. 电荷量   D. 功率

3. 下列（   ）是欧姆定律的数学表达式。
   A. $V=IR$ B. $R=UI$ C. $Q=It$ D. $P=UI$

4. 欧姆定律适用于（   ）导电情况。
   A. 金属导体   B. 电解液导电   C. 半导体导电   D. 气体导电

5. 在一个电路中，如果电阻增大，那么电流会（   ）。
   A. 增大   B. 减小   C. 不变   D. 与电压有关

6. 在一个电路中，如果电压增大，那么电流会（   ）。
   A. 增大   B. 减小   C. 不变   D. 与电阻有关

7. 下列（   ）可以用来衡量一个电路的导电性能。

A. 电流　　　　　　B. 电压　　　　　　C. 电荷量　　　　　D. 电阻

8. 在同一电路中，下列说法正确的是（　　）。

A. 导体中的电流与导体两端的电压成正比　　B. 导体中的电流与导体的电阻成反比

C. 导体两端的电压与导体中的电流成正比　　D. 导体两端的电压与导体的电阻成反比

9. 下列（　　）会影响导体的电阻。

A. 导体的长度　　　B. 导体的直径　　　C. 导体的材料　　　D. 以上都是

10. 在一定温度下，下列（　　）可以表示金属导体的电阻。

A. 电阻与电压成正比，与电流成反比　　B. 电阻与电压成反比，与电流成正比

C. 电阻与电压无关，与电流成反比　　　D. 以上都不正确

二、判断题

1. 欧姆定律适用于所有类型的导体。　　　　　　　　　　　　　　　　　　（　　）
2. 当电压一定时，电流和电阻成反比。　　　　　　　　　　　　　　　　　（　　）
3. 当电阻一定时，电流和电压成正比。　　　　　　　　　　　　　　　　　（　　）
4. 欧姆定律的数学表达式是 $V=IR$。　　　　　　　　　　　　　　　　　　（　　）
5. 在同一电路中，导体中的电流与导体两端的电压成正比。　　　　　　　　（　　）
6. 在同一电路中，导体中的电流与导体的电阻成反比。　　　　　　　　　　（　　）
7. 在同一电路中，导体两端的电压与导体中的电流成正比。　　　　　　　　（　　）
8. 在同一电路中，导体的电阻与导体两端的电压成正比。　　　　　　　　　（　　）
9. 在同一电路中，导体的电阻与导体中的电流成反比。　　　　　　　　　　（　　）
10. 欧姆定律不适用于非纯电阻电路。　　　　　　　　　　　　　　　　　　（　　）

三、拓展题

设计一个电路，使用一个可调电源、一个滑动变阻器、一只灯泡和一只电流表。根据欧姆定律，通过调节滑动变阻器的阻值来改变灯泡两端的电压，从而控制灯泡的亮度。使用电流表测量电路中的电流，观察灯泡的亮度如何变化。记录实验数据，包括滑动变阻器的阻值、灯泡两端的电压和电流表的读数。分析实验数据，解释灯泡亮度与电压和电流之间的关系。

回答以下问题：

1）当滑动变阻器的阻值增大时，灯泡的亮度如何变化？
2）当滑动变阻器的阻值减小时，灯泡的亮度如何变化？
3）灯泡的亮度与电流之间的关系是什么？
4）灯泡的亮度与电压之间的关系是什么？

任务二　　连接负载电路——负载的串并联及计算

设计一个简单的电路，实现负载的串并联控制。在图中标注各元件的作用和连接方式。根据电路图，连接各元件，搭建电路。确保各连接点接触良好，避免出现短路或断路现象。

知识目标	技能目标	素养目标
1. 看懂简单串联电路、并联电路的电路图以及掌握电阻串、并联的特点 2. 理解负载串并联的基本概念、原理和方法	1. 掌握分析和计算实际电路中负载的串、并联问题 2. 掌握串联电路的分压公式以及并联电路的分流公式的应用	1. 培养学生举一反三的能力 2. 通过实际电路图案例提高学生解决问题的能力和创新能力

一、电阻串联电路的特点

电阻串联电路图如图 3-2-1 所示。设总电压为 U、电流为 I、总功率为 P。

等效电阻为

$$R = R_1 + R_2 + \cdots + R_n$$

分压关系为

$$\frac{U_1}{R_1} = \frac{U_2}{R_2} = \cdots = \frac{U_n}{R_n} = \frac{U}{R} = I$$

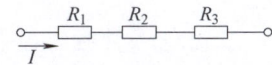

图 3-2-1 电阻串联电路图

功率分配为

$$\frac{P_1}{R_1} = \frac{P_2}{R_2} = \cdots = \frac{P_n}{R_n} = \frac{P}{R} = I^2$$

特例：两只电阻 R_1、R_2 串联时，等效电阻 $R = R_1 + R_2$，则有分压公式

$$U_1 = \frac{R_1}{R_1 + R_2} U, \quad U_2 = \frac{R_2}{R_1 + R_2} U$$

【例1】 有一盏额定电压为 $U_1 = 40V$、额定电流为 $I = 5A$ 的电灯，应该怎样把它接入电压 $U = 220V$ 照明电路中。

解： 将电灯（设电阻为 R_1）与一只分压电阻 R_2 串联后，接入 $U = 220V$ 电源上，如图 3-2-2 所示。

解法一：分压电阻 R_2 上的电压

$U_2 = U - U_1 = (220-40)V = 180V$，且 $U_2 = R_2 I$，则

$$R_2 = \frac{U_2}{I} = \frac{180}{5}\Omega = 36\Omega$$

图 3-2-2 例 1 电路图

解法二：利用两只电阻串联的分压公式

$$U_1 = \frac{R_1}{R_1 + R_2} U, \quad 且\ R_1 = \frac{U_1}{I} = 8\Omega$$

可得

$$R_2 = R_1 \frac{U - U_1}{U_1} = 36\Omega$$

即将电灯与一只36Ω分压电阻串联后，接入 $U=220$V 电源上即可。

【例2】 有一只电流表，内阻 $R_g=1$kΩ，满偏电流为 $I_g=100$μA，要把它改成量程为 $U_n=3$V 的电压表，应该串联一只多大的分压电阻 R？

解：如图3-2-3所示，该电流表的电压量程为 $U_g=R_g I_g=0.1$V，与分压电阻 R 串联后的总电压 $U_n=3$V，即将电压量程扩大到 $n=U_n/U_g=30$ 倍。

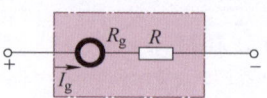

图3-2-3 例2电路图

利用两只电阻串联的分压公式，可得

$$U_g = \frac{R_g}{R_g+R} U_n$$

则

$$R = \frac{U_n - U_g}{U_g} R_g = \left(\frac{U_n}{U_g} - 1\right) R_g = (n-1) R_g = 29\text{k}\Omega$$

上例表明，将一只量程为 U_g、内阻为 R_g 的表头扩大到量程为 U_n，要的分压电阻为 $R=(n-1)R_g$，其中，$n=U_n/U_g$ 称为电压扩大倍数。

二、电阻并联电路的特点

如图3-2-4所示，设总电流为 I，总电压为 U，总功率为 P。等效电导为

$$G = G_1 + G_2 + \cdots + G_n，即$$

$$\frac{1}{R} = \frac{1}{R_1} + \frac{1}{R_2} + \cdots + \frac{1}{R_n}$$

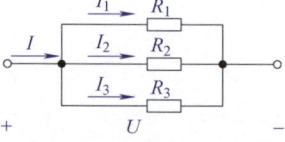

图3-2-4 电阻并联电路图

分流关系为

$$R_1 I_1 = R_2 I_2 = \cdots = R_n I_n = RI = U$$

功率分配为

$$R_1 P_1 = R_2 P_2 = \cdots = R_n P_n = RP = U^2 I$$

特例：两只电阻 R_1、R_2 并联时，等效电阻为

$$R = \frac{R_1 R_2}{R_1 + R_2}$$

则有分流公式

$$I_1 = \frac{R_2}{R_1 + R_2} I, \quad I_2 = \frac{R_1}{R_1 + R_2} I$$

【例3】 如图3-2-5所示，电源供电电压 $U=220$V，每根输电导线的电阻均为 $R_1=1$，电路中一共并联100盏额定电压为220V、功率为40W的电灯。假设电灯正常发光时电阻值为常数。试求：1）当只有10盏电灯工作时，每盏电灯的电压 U_L 和功率 P_L；2）当100盏电灯全部工作时，每盏电灯的电压 U_L 和功率 P_L。

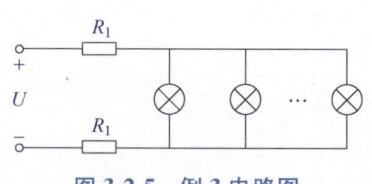

图3-2-5 例3电路图

解：每盏电灯的电阻为 $R=U^2/P=1210\Omega$，n 盏电灯并联后的等效电阻为 $R_n=R/n$，根据分压公式

$$U_L = \frac{R_n}{2R_1 + R_n}U$$

可得每盏电灯的电压功率为

$$P_L = \frac{U_L^2}{R}$$

1）当只有 10 盏电灯工作时，即 $n = 10$，则 $R_n = R/n = 121\Omega$，因此

$$U_L = \frac{R_n}{2R_1 + R_n}U \approx 216\text{V}, \quad P_L = \frac{U_L^2}{R} \approx 39\text{W}$$

2）当 100 盏电灯全部工作时，即 $n = 100$，则 $R_n = R/n = 12.1\Omega$

$$U_L = \frac{R_n}{2R_1 + R_n}U \approx 189\text{V}, \quad P_L = \frac{U_L^2}{R} \approx 29\text{W}$$

【例 4】 有一只微安表，满偏电流为 $I_g = 100\text{A}$、内阻 $R_g = 1\text{k}\Omega$，要改装成量程为 $I_n = 100\mu\text{A}$ 的电流表，试求所需分流电阻 R。

解： 如图 3-2-6 所示，设 $n = I_n/I_g$（称为电流量程扩大倍数），根据分流公式可得

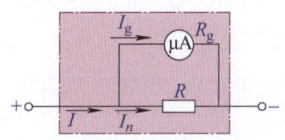

图 3-2-6 例 4 电路图

$$I_g = \frac{R}{R_g + R}I_n$$

则

$$R = \frac{R_g}{n-1}$$

本题中 $n = I_n/I_g = 1000$，

$$R = \frac{R_g}{n-1} = \frac{1\text{k}\Omega}{1000-1} \approx 1\Omega$$

上例表明，将一只量程为 I_g、内阻为 R_g 的表头扩大到量程为 I_n，所需要的分流电阻为 $R = R_g/(n-1)$，其中，$n = I_n/I_g$ 称为电流扩大倍数。

三、电阻混联电路分析步骤

在电阻电路中，既有电阻的串联关系，又有电阻的并联关系，称为电阻混联。对混联电路的分析和计算大体上可分为以下几个步骤：

1）首先整理清楚电路中电阻串、并联关系，必要时重新画出串、并联关系明确的电路图。

2）利用串、并联等效电阻公式计算出电路中总的等效电阻。

3）利用已知条件进行计算，确定电路的端电压与总电流。

4）根据电阻分压关系和分流关系，逐步推算出各支路的电流或各部分的电压。

【例 5】 如图 3-2-7 所示，已知 $R_1 = R_2 = 8\Omega$，$R_3 = R_4 = 6\Omega$，$R_5 = R_6 = 4\Omega$，$R_7 = R_8 = 24\Omega$，$R_9 = 16\Omega$；电压 $U = 224\text{V}$。试求：1）电路总的等效电阻 R_{AB} 与总电流 I_Σ；2）电阻 R_9 两端的电压 U_9 与通过它的电流 I_9。

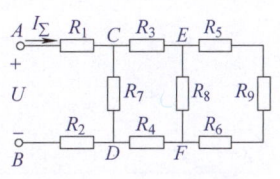

图 3-2-7 例 5 电路图

解： 1) R_5、R_6、R_9 三者串联后，再与 R_8 并联，E、F 两端等效电阻为 $R_{EF} = (R_5+R_6+R_9) // R_8 = 12\Omega$，$R_{EF}$、$R_3$、$R_4$ 三电阻串联后，再与 R_7 并联，C、D 两端等效电阻为 $R_{CD} = (R_3+R_{EF}+R_4) // R_7 = 12\Omega$，总的等效电阻为

$$R_{AB} = R_1 + R_{CD} + R_2 = 28\Omega$$

总电流为

$$I_\Sigma = U/R_{AB} = 224/28\text{A} = 8\text{A}$$

2) 利用分压关系求各部分电压：$U_{CD} = R_{CD}I_\Sigma = 96\text{V}$

$$U_{EF} = \frac{R_{EF}}{R_3+R_{EF}+R_4}U_{CD} = \frac{12}{24}\times 96\text{V} = 48\text{V}$$

$$I_9 = \frac{U_{EF}}{R_5+R_6+R_9} = 2\text{A}, \quad U_9 = R_9 I_9 = 32\text{V}$$

【例6】 如图 3-2-8 所示，已知 $R=10\Omega$，电源电动势 $E=6\text{V}$，内阻 $r=0.5\Omega$，试求电路中的总电流 I。

解： 首先整理清楚电路中电阻串、并联关系，并画出等效电路，如图 3-2-9 所示。

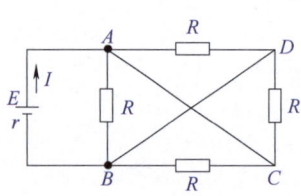

图 3-2-8　例 6 电路图（一）

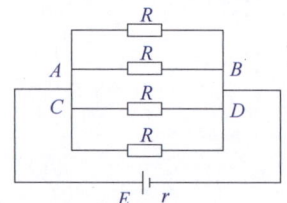

图 3-2-9　例 6 电路图（二）

四只电阻并联的等效电阻为 $R_e = R/4 = 2.5\Omega$，根据闭合回路欧姆定律，电路中的总电流为

$$I = \frac{E}{R_e+r} = 2\text{A}$$

按图 3-2-10 所示连接一个简单的电路，实现负载的串并联控制，已知 $R_1=2\Omega$，$R_2=R_3=R_4=R_5=4\Omega$，$U_{AB}=6\text{V}$，求通过 R_4 的电流 I_4，并测量验证。

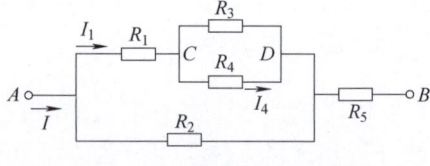

图 3-2-10　任务实施电路图

一、准备工作

按表 3-2-1 准备工具、设备、元器件及导线，检查设备外观是否完好。

表 3-2-1　混联电路元器件清单表

序号	名称	型号与规格	单位	数量
1	蓄电池	DC 12V	块	1
2	开关		只	1
3	灯	12V/10W	只	1

（续）

序号	名称	型号与规格	单位	数量
4	熔断器	10A	只	1
5	导线	BVR1.0mm^2	根	若干
6	负载	4Ω	只	5

二、连接电路

按照图 3-2-10 连接电路，测量电压和电阻，将操作结果填入表 3-2-2。

表 3-2-2　混联电路操作结果表

步骤	操作方法	操作现象	现象说明
1	R_4 电流 I_4 计算值		
2	R_4 电流 I_4 测量值		
3			

三、清理现场

实操结束，断开电源，拆除导线，按 6S 要求，清理现场，收拾工具、设备，整理操作台，清扫场地，完成任务评价表。

任务评价

混联电路任务评分标准见表 3-2-3。

表 3-2-3　混联电路任务评分标准

任务名称		组别			学生姓名		工位号	
							用时长	
序号	评价项目	评价要点	配分	学生自评	小组互评	教师评价	小计	
1	知识理解	看懂简单串联电路、并联电路的电路图	10					
		掌握电阻串、并联的特点	10					
		理解负载串并联的基本概念、原理和方法	20					
2	电路连接	掌握分析和计算实际电路中负载的串并联问题	10					
		掌握串联电路的分压公式、并联电路的分流公式的应用	10					
		任务表单填写完整	10					

(续)

序号	评价项目	评价要点	配分	学生自评	小组互评	教师评价	小计
3	团队协作	参与组内学习,分享学习成果	10				
4	安全文明	遵守安全文明操作规程,无事故发生	10				
5	清扫清洁	按 6S 要求清理现场,摆放器件	10				
总分			100				
教师签名				总计			

1. 串联电路:在串联电路中,电流处处相等,总电压等于各部分电路两端电压之和,总电阻等于各电阻之和。串联电路的特点是电流路径唯一,适用于需要高电压和低电流的场合。

2. 并联电路:在并联电路中,总电流等于各支路电流之和,各支路两端电压相等,总电阻的倒数等于各支路电阻倒数之和。并联电路的特点是电流路径多,适用于需要低电压和高电流的场合。

3. 串并联电路的计算:在串并联电路中,可以根据欧姆定律进行计算。对于串联电路,总电阻等于各电阻之和,总电压等于各部分电路两端电压之和;对于并联电路,总电阻的倒数等于各支路电阻倒数之和,总电流等于各支路电流之和。

4. 串并联电路的识别:识别串并联电路是进行电路分析和计算的基础。可以通过从电源正极或负极出发,依次经过节点和支路,遇到分支点就分叉,最后回到电源负极或正极的方式识别串并联电路。同时,也可以根据电路中电流的路径数来判断串并联电路的类型。

一、选择题

1. 下列( )适用于计算串联电路中的总电阻。

A. $R=R_1+R_2$　　B. $R=R_1=R_2$　　C. $R=R_1/R_2$　　D. $R=1/(R_1+R_2)$

2. 在一个串联电路中,如果两个电阻的阻值分别为 R_1 和 R_2,那么总电流 I 与各电阻电流 I_1 和 I_2 之间的关系是( )。

A. $I=I_1+I_2$　　B. $I=I_1=I_2$　　C. $I=I_1/I_2$　　D. $I=1/(I_1+I_2)$

3. 下列( )适用于计算并联电路中的总电阻。

A. $R=R_1+R_2$　　B. $R=R_1+R_2$　　C. $R=R_1/R_2$　　D. $1/R=1/(R_1+R_2)$

4. 在一个并联电路中,如果两个电阻的阻值分别为 R_1 和 R_2,那么总电流 I 与各支路电流 I_1 和 I_2 之间的关系是( )。

A. $I=I_1+I_2$　　B. $I=I_1-I_2$　　C. $I=I_1/I_2$　　D. $I=1/(I_1+I_2)$

5. 下列（　　）与负载的功率消耗直接相关。
   A. 电压　　　　B. 电流　　　　C. 电阻　　　　D. 电量

6. 在一个负载为5Ω的串联电路中，如果增加一个负载为10Ω的电阻，那么总电阻和总电流将（　　）。
   A. 总电阻增大，总电流减小　　　B. 总电阻增大，总电流增大
   C. 总电阻减小，总电流减小　　　D. 总电阻减小，总电流增大

7. 在一个负载为5Ω的并联电路中，如果增加一个负载为10Ω的电阻，那么总电阻和总电流将（　　）。
   A. 总电阻增大，总电流减小　　　B. 总电阻增大，总电流增大
   C. 总电阻减小，总电流减小　　　D. 总电阻减小，总电流增大

8. 在负载串联的电路中，总电流与各负载电流的关系是（　　）。
   A. 总电流等于各负载电流之和　　B. 总电流等于各负载电流
   C. 总电流大于各负载电流　　　　D. 总电流小于各负载电流

9. 如果一个电路中有多个负载串联，当总电阻增大时，电路的总电流会（　　）。
   A. 减小　　　　　　　　　　　　B. 增大
   C. 不变　　　　　　　　　　　　D. 与总电阻无关

10. 如果一个电路中有多个负载并联，当总电阻增大时，电路的总电流会（　　）。
    A. 减小　　　　　　　　　　　　B. 增大
    C. 不变　　　　　　　　　　　　D. 与总电阻无关

二、判断题

1. 负载的串并联关系是相互独立的，即串联电路中的负载不会影响并联电路中的负载，反之亦然。（　　）
2. 在一个串联电路中，如果增加一个负载，总电阻会增大，总电流会减小。（　　）
3. 在一个并联电路中，如果增加一个负载，总电阻会增大，总电流会增大。（　　）
4. 负载的串并联计算方法是基于欧姆定律进行的，即电压等于电阻乘以电流。（　　）
5. 两个电阻串联时，总电阻等于各电阻之和。（　　）
6. 两个电阻并联时，总电阻的倒数等于各电阻倒数之和。（　　）
7. 两个电阻串联时，总电流等于各电阻电流之和。（　　）
8. 两个电阻并联时，总电流的倒数等于各电阻电流倒数之和。（　　）
9. 串联的负载越多，电路的总电阻越小。（　　）
10. 并联的负载越多，电路的总电阻越大。（　　）

三、拓展题

设计一个包含两个负载元件的电路，其中，一个负载元件为可变电阻器，另一个负载元件为定值电阻器。要求当可变电阻器的阻值发生变化时，定值电阻器两端的电压保持不变。根据电路图，列出所需的元器件清单，包括可变电阻器、定值电阻器、电源和导线等。连接电路，确保负载的串并联正确，并测量定值电阻器两端的电压。调节可变电阻器的阻值，并记录不同阻值下定值电阻器两端的电压值。根据测量数据，计算定值电阻器的电阻值和电源的电动势。

回答以下问题：

1）当可变电阻器的阻值增大时，定值电阻器两端的电压如何变化？
2）当可变电阻器的阻值减小时，定值电阻器两端的电压如何变化？
3）定值电阻器的电阻是如何计算的？
4）电源的电动势是如何计算的？

任务三　分析复杂电路——基尔霍夫定律计算

任务导入

设计一个复杂直流电路，用支路电流法求各支路电流。

任务目标

知识目标	技能目标	素养目标
1. 理解基尔霍夫第一定律、第二定律的基本概念、原理和公式 2. 培养学生分析电路的能力，能够根据实验数据进行推导和解释，并能够熟练运用基尔霍夫电压定律和基尔霍夫电流定律	1. 掌握如何使用基尔霍夫定律解决汽车电路的实际问题 2. 通过实际问题，培养学生的观察能力、分析问题和解决问题的能力	1. 通过小组合作和讨论，培养学生的合作精神、交流能力和严谨的学习态度 2. 培养学生的科学素养和探究精神，激发学生对汽车专业的学习兴趣和专业认同感

知识链接

一、常用电路名词

以图 3-3-1 所示电路为例说明常用电路名词。

1. 支路

支路是指电路中具有两个端钮且通过同一电流的无分支电路。如图 3-3-1 所示，电路中的 *ED*、*AB*、*FC* 均为支路，该电路的支路数目为 $b=3$。

2. 节点

节点指电路中三条或三条以上支路的连接点。如图 3-3-1 所示，电路的节点为 *A*、*B* 两点，该电路的节点数目为 $n=2$。

3. 回路

回路指电路中任一闭合的路径。如图 3-3-1 所示，电路中的 *CDEFC*、*AFCBA*、*EABDE* 路径均为回路，该电路的回路数目为 $L=3$。

4. 网孔

网孔指不含有分支的闭合回路。如图 3-3-1 所示，电路中的 *AFCBA*、*EABDE* 回路均为网孔，该电路的网孔数目为 $m=2$。

5. 网络

在电路分析范围内，网络是指包含较多元件的电路。

二、基尔霍夫电流定律（节点电流定律）

1. 电流定律（KCL）内容

电流定律的第一种表述：在任何时刻，电路中流入任一节点中的电流之和，恒等于从该节点流出的电流之和，即

$$\sum I_{流入} = \sum I_{流出}$$

如图3-3-2所示电路中，在节点 A 上：$I_1+I_3=I_2+I_4+I_5$。

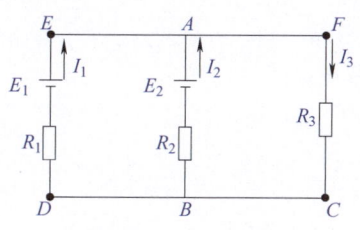

图 3-3-1　电路图

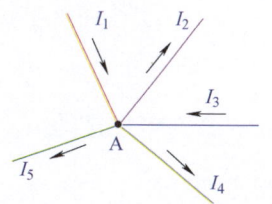

图 3-3-2　电流定律的举例说明

电流定律的第二种表述：在任何时刻，电路中任一节点上的各支路电流代数和恒等于零，即 $\sum I=0$。

一般可在流入节点的电流前面取"+"号，在流出节点的电流前面取"−"号，反之亦可。例如图3-3-2所示电路中，在节点 A 上：$I_1-I_2+I_3-I_4-I_5=0$。

在使用电流定律时，必须注意：

1）对于含有 n 个节点的电路，只能列出 $(n-1)$ 个独立的电流方程。

2）列节点电流方程时，只需考虑电流的参考方向，然后再代入电流的数值。

为方便分析电路，通常需要在所研究的一段电路中事先选定（即假定）电流流动的方向，叫作电流的参考方向，通常用"→"号表示。

电流的实际方向可根据数值的正、负来判断，当 $I>0$ 时，表明电流的实际方向与所标定的参考方向一致；当 $I<0$ 时，则表明电流的实际方向与所标定的参考方向相反。

2. 基尔霍夫电流定律的应用举例

1）对于电路中任意假设的封闭面来说，电流定律仍然成立。如图3-3-3所示电路中，对于封闭面 S 来说，有 $I_1+I_2=I_3$。

2）对于网络（电路）之间的电流关系，仍然可由电流定律判定。如图3-3-4所示电路中，流入电路 B 中的电流必等于从该电路中流出的电流。

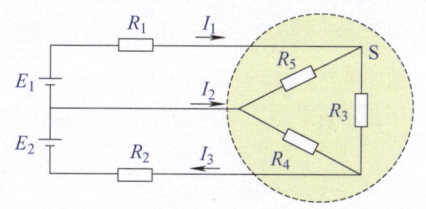

图 3-3-3　电流定律的应用举例1

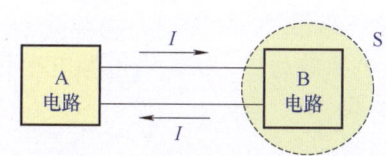

图 3-3-4　电流定律的应用举例2

3）若两个网络之间只有一根导线相连，那么这根导线中一定没有电流通过。
4）若一个网络只有一根导线与地相连，那么这根导线中一定没有电流通过。

【例1】 如图 3-3-5 所示电桥电路，已知 $I_1=25\text{mA}$，$I_3=16\text{mA}$，$I_4=12\text{mA}$，试求其余电阻中的电流 I_2、I_5、I_6。

解：

在节点 a 上：$I_1=I_2+I_3$，则 $I_2=I_1-I_3=(25-16)\text{mA}=9\text{mA}$。

在节点 d 上：$I_1=I_4+I_5$，则 $I_5=I_1-I_4=(25-12)\text{mA}=13\text{mA}$。

在节点 b 上：$I_2=I_6+I_5$，则 $I_6=I_2-I_5=(9-13)\text{mA}=-4\text{mA}$。

说明：电流 I_2 与 I_5 均为正数，表明它们的实际方向与图中所标定的参考方向相同，I_6 为负数，表明它的实际方向与图中所标定的参考方向相反。

三、基尔霍夫电压定律（回路电压定律）

1. 电压定律（KVL）内容

在任何时刻，沿着电路中的任一回路绕行方向，回路中各段电压的代数和恒等于零，即 $\sum U=0$。

如图 3-3-6 所示电路，说明基尔霍夫电压定律沿着回路 abcdea 绕行方向，有 $U_{ac}=U_{ab}+U_{bc}=R_1I_1+E_1$，$U_{ce}=U_{cd}+U_{de}=-R_2I_2-E_2$，$U_{ea}=R_3I_3$，则 $U_{ac}+U_{ce}+U_{ea}=0$，即 $R_1I_1+E_1-R_2I_2-E_2+R_3I_3=0$。

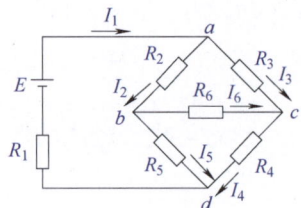

图 3-3-5　电桥电路图

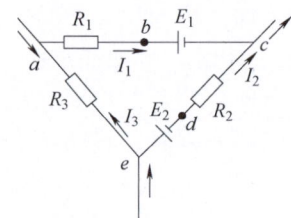

图 3-3-6　电压定律的举例说明

上式也可写成 $R_1I_1-R_2I_2+R_3I_3=E_2-E_1$。

对于电阻电路来说，任何时刻，在任一闭合回路中，各段电阻上的电压降代数和等于各电源电动势的代数和，即 $\sum RI=\sum E$。

2. 利用 $RI=E$ 列回路电压方程的原则

1）标出各支路电流的参考方向并选择回路绕行方向（既可沿着顺时针方向绕行，也可沿着逆时针方向绕行）。

2）电阻元件的端电压为 $\pm RI$，当电流 I 的参考方向与回路绕行方向一致时，选取"+"号；反之，选取"-"号。

3）电源电动势为 E，当电源电动势的标定方向与回路绕行方向一致时，选取"+"号，反之应选取"-"号。

四、支路电流法

以各支路电流为未知量，应用基尔霍夫定律列出节点电流方程和回路电压方程，解出各支路电流，从而可确定各支路（或各元件）的电压及功率，这种解决电路问题的方法叫作支路电流法。

对于具有 b 条支路、n 个节点的电路，可列出（$n-1$）个独立的电流方程和 $b-(n-1)$ 个独立的电压方程。

【例 2】 如图 3-3-7 所示电路，已知：$E_1 = 42V$，$E_2 = 21V$，$R_1 = 12\Omega$，$R_2 = 3\Omega$，$R_3 = 6\Omega$，试求各支路电流 I_1、I_2、I_3。

解：该电路支路数 $b=3$、节点数 $n=2$，所以应列出一个节点电流方程和两个回路电压方程，并按照 $RI=E$ 列回路电压方程的方法：

1） $I_1 = I_2 + I_3$（任一节点）。
2） $R_1I_1 + R_2I_2 = E_1 + E_2$（网孔 1）。
3） $R_3I_3 - R_2I_2 = -E_2$（网孔 2）。

代入已知数据，解得：$I_1 = 4A$，$I_2 = 5A$，$I_3 = 1A$。

电流 I_1 与 I_2 均为正数，表明它们的实际方向与图中所标定的参考方向相同，I_3 为负数，表明它们的实际方向与图中所标定的参考方向相反。

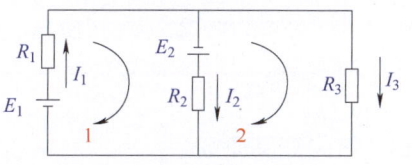

图 3-3-7 支路电流

设计并连接一个汽车电路，由蓄电池、发电机和负载组成，其电路的等效电路图如图 3-3-8 所示，$E_1 = 5V$，$r_1 = 1\Omega$，$E_2 = 9V$，$r_2 = 6\Omega$，$R_2 = 2\Omega$，$R_1 = 3\Omega$，求各支路电流并测量验证。

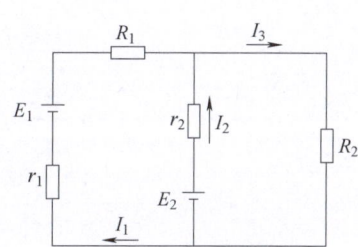

图 3-3-8 等效电路图

一、准备工作

按表 3-3-1 准备工具、设备、元器件及导线，检查设备外观是否完好。

表 3-3-1 复杂电路元器件清单表

序号	名称	型号与规格	单位	数量
1	蓄电池	DC 5V/DC 9V	块	2
2	开关		只	1
3	灯	12V/10W	只	1
4	熔断器	10A	只	1
5	导线	BVR1.0mm²	根	若干
6	负载	1Ω、2Ω、3Ω	只	3

二、连接电路

依照图 3-3-8 连接电路，测量支路电流和总电流，将操作结果填入表 3-3-2。

表 3-3-2　复杂电路操作结果表

步骤	操作方法	操作现象	现象说明
1	支路电流 I_1		
2	支路电流 I_2		
3	总电流 I		

三、清理现场

实操结束，断开电源，拆除导线，按 6S 要求，清理现场，收拾工具、设备，整理操作台，清扫场地，完成任务评价表。

分析复杂电路任务评分标准见表 3-3-3。

表 3-3-3　分析复杂电路任务评分标准

任务名称		组别		学生姓名		工位号	
						用时长	
序号	评价项目	评价要点	配分	学生自评	小组互评	教师评价	小计
1	知识理解	理解基尔霍夫第一定律的基本概念、原理和公式	10				
		理解基尔霍夫第二定律的基本概念、原理和公式	10				
		能够熟练运用基尔霍夫电压定律和基尔霍夫电流定律	20				
2	电路连接	能够分析电路，并能根据实验数据进行推导和解释	10				
		能够使用基尔霍夫定律解决汽车电路的实际问题	10				
		任务表单填写完整	10				
3	团队协作	参与组内学习，分享学习成果	10				
4	安全文明	遵守安全文明操作规程，无事故发生	10				
5	清扫清洁	按 6S 要求清理现场，摆放器件	10				
总分				100			
教师签名				总计			

1. 基尔霍夫定律是电路分析的基本原理之一，包括基尔霍夫电流定律（KCL）和基尔霍夫电压定律（KVL）。

2. 基尔霍夫电流定律（KCL）：在电路中，任意时刻，流入任一个节点的电流之和等于流出该节点的电流之和，即 $\sum I_{流入} = \sum I_{流出}$。简单地说，就是电路中任一个节点的电流代数和为零，即 $\sum I = 0$。在使用电流定律时，必须注意：

   1) 对于含有 n 个节点的电路，只能列出 $(n-1)$ 个独立的电流方程。

   2) 列节点电流方程时，只需考虑电流的参考方向，然后再代入电流的数值。

3. 基尔霍夫电压定律（KVL）：在任何时刻，沿着电路中的任一回路绕行方向，回路中各段电压的代数和恒等于零，即 $\sum U = 0$。简单地说，对于电阻电路来说，任何时刻，在任一闭合回路中，各段电阻上的电压降代数和等于各电源电动势的代数和，即 $\sum RI = \sum E$。

4. 以各支路电流为未知量，应用基尔霍夫定律列出节点电流方程和回路电压方程，解出各支路电流，从而可确定各支路（或各元件）的电压及功率，这种解决电路问题的方法叫作支路电流法。

对于具有 b 条支路、n 个节点的电路，可列出 $(n-1)$ 个独立的电流方程和 $[b-(n-1)]$ 个独立的电压方程。

一、选择题

1. 在基尔霍夫电流定律中，如果一个节点的电流流出为 1A，那么流入该节点的电流为（　　）。

   A. 0　　　　　　　B. 1A　　　　　　　C. -1A　　　　　　　D. 无法确定

2. 根据基尔霍夫电压定律，一个闭合回路的电压降总和为（　　）。

   A. 0　　　　　　　B. 1V　　　　　　　C. -1V　　　　　　　D. 无法确定

3. 在基尔霍夫电流定律中，如果一个节点的电流总和为零，那么该节点的电压为（　　）。

   A. 0　　　　　　　B. 1V　　　　　　　C. -1V　　　　　　　D. 无法确定

4. 对于一个包含电源的复杂电路，基尔霍夫定律（　　）。

   A. 适用　　　　　　　　　　　　B. 不适用

   C. 在某些情况下适用，在其他情况下不适用

   D. 与电路中是否包含电源无关

5. 在基尔霍夫电压定律中，如果一个闭合回路的电压降总和为零，那么该回路的电阻为（　　）。

   A. 0　　　　　　　B. 1Ω　　　　　　　C. -1Ω　　　　　　　D. 无法确定

6. 在基尔霍夫电流定律中，如果一个节点的电流总和为零，那么该节点的电压为（　　）。

   A. 0　　　　　　　B. +∞　　　　　　　C. -∞　　　　　　　D. 无法确定

7. 根据基尔霍夫电压定律，一个断路的电路的电压降总和为（　　）。
A. +∞　　　　　　B. 0　　　　　　C. -∞　　　　　　D. 无法确定
8. 在基尔霍夫定律中，电流的计算方向是（　　）。
A. 从电源正极流向负极　　　　　　B. 从电源负极流向正极
C. 从节点流入或流出　　　　　　　D. 从回路起点流向终点
9. 在应用基尔霍夫电流定律时，对于节点的电流计算，下列（　　）是正确的。
A. 只考虑流入节点的电流，不考虑流出节点的电流
B. 只考虑流出节点的电流，不考虑流入节点的电流
C. 流入节点的电流与流出节点的电流相等
D. 流入节点的电流与流出节点的电流方向相反
10. 在应用基尔霍夫电压定律时，下列（　　）是正确的。
A. 只考虑电源电动势的方向，不考虑电阻上的电压方向
B. 只考虑电阻上的电压方向，不考虑电源电动势的方向
C. 电动势的方向与电阻上的电压方向相反
D. 电动势的方向与电阻上的电压方向相同

二、判断题

1. 基尔霍夫定律只适用于直流电路。（　　）
2. 基尔霍夫电流定律的核心是所有进入节点的电流等于从该节点流出的电流。（　　）
3. 基尔霍夫电压定律说明在任意时刻，沿任一个闭合回路的电压降总和等于零。（　　）
4. 基尔霍夫定律不适用于含有电源的复杂电路。（　　）
5. 在电路中，基尔霍夫定律可以用来计算流过任一个节点的电流。（　　）
6. 基尔霍夫定律可以用于任意网络，无论其是否包含电源。（　　）
7. 基尔霍夫电流定律说明了在任一个集总电路的任一节点处，各支路电流的代数和恒等于零。（　　）
8. 基尔霍夫电压定律指出，对于任一个集总电路的任一个回路，所有电源电动势的代数和恒等于所有电阻电压降的代数和。（　　）
9. 在应用基尔霍夫定律时，可以先假设电流的方向，如果计算出的结果为正，则实际电流方向与假设方向相同；如果计算结果为负，则实际电流方向与假设方向相反。（　　）
10. 基尔霍夫电流定律也被称为 KCL，它表示在任意时刻，流入节点的电流之和等于从节点流出的电流之和。（　　）

三、拓展题

设计一个包含多个电阻、电源和导线的复杂电路。根据电路图列出所需的元器件清单，包括电源、电阻和导线等。使用基尔霍夫定律，计算电路中的电流值。记录计算过程和结果，并解释每一步的依据和意义。

回答以下问题：
1）在这个电路中，电流的方向是如何确定的？
2）计算电路的总电阻和总电压，并解释它们是如何影响电流值的。
3）如果其中一个电阻的阻值发生变化，电流值会如何变化？

 **任务四** 计算电能与电功率——最大输出功率

为一个汽车远光前照灯更换熔断器,已知蓄电池电压为 12V,远光灯额定值为 12V、55W,计算并验证应更换的熔断器额定电流值。

知识目标	技能目标	素养目标
理解电功率、电能和最大输出功率的基本概念	掌握电功率和电能的计算方法	认识到电功率、电能和最大输出功率在日常生活和工业生产中的重要性和应用价值

一、电功率

电功率(简称功率)所表示的物理意义是电路元件或设备在单位时间内吸收或发出的电能。两端电压为 U、通过电流为 I 的任意二端元件(可推广到一般二端网络)的功率大小为

$$P = UI$$

功率的国际单位制单位为瓦特(W),常用的单位还有毫瓦(mW)、千瓦(kW),它们与 W 的换算关系为

$$1\mathrm{mW} = 10^{-3}\mathrm{W}, \quad 1\mathrm{kW} = 10^{3}\mathrm{W}$$

1. 吸收或发出

一个电路最终的目的是电源将一定的电功率传送给负载,负载将电能转换成工作所需要的一定形式的能量,即电路中存在发出功率的器件(供能元件)和吸收功率的器件(耗能元件)。

习惯上,通常把耗能元件吸收的功率写成正数,把供能元件发出的功率写成负数,而储能元件(如理想电容、电感元件)既不吸收功率也不发出功率,即其功率 $P = 0$。

通常所说的功率 P 又叫作有功功率或平均功率。

2. 串联电路的功率分配

各段电路的电功率与各段电路的电阻成正比。

$$P_1 : P_2 = R_1 : R_2$$

3. 并联电路的功率分配

各支路的电功率与各支路的电阻成反比。

$$P_1 : P_2 = R_2 : R_1$$

无论是串联电路还是并联电路,电路的总功率等于各段电路的功率之和。串并联电路中电功率的计算功率为

$$P = UI = I^2 R = U^2/R$$

二、电能

电能是指在一定的时间内电路元件或设备吸收或发出的电能量,用符号 W 表示,其国际单位制为焦耳(J),电能的计算公式为

$$W = Pt = UIt$$

通常,电能用千瓦小时(kW·h)来表示大小,也叫作度(电)

$$1\text{度}(\text{电}) = 1\text{kW} \cdot \text{h} = 3.6 \times 10^6 \text{J}$$

即功率为 1000W 的供能或耗能元件,在 1h 内所发出或消耗的电能量为 1 度。

【例1】 有一功率为 60W 的电灯,每天使用它照明的时间为 4h,如果平均每月按 30 天计算,那么每月消耗的电能为多少度?合为多少焦耳?

解: 该电灯平均每月工作时间为

$$t = 4 \times 30\text{h} = 120\text{h}$$

则

$$W = Pt = 60 \times 120\text{W} \cdot \text{h} = 7200\text{W} \cdot \text{h} = 7.2\text{kW} \cdot \text{h}$$

即每月消耗的电能为 7.2 度,约合为

$$3.6 \times 10^6 \times 7.2\text{J} \approx 2.6 \times 10^7 \text{J}$$

三、电气设备的额定值

为了保证电气设备和电路元件能够长期安全地正常工作,都规定了额定电压、额定电流、额定功率等铭牌数据。

额定电压——电气设备或元器件所允许施加的最大电压。

额定电流——电气设备或元器件允许通过的最大电流。

额定功率——在额定电压和额定电流下消耗的功率,即允许消耗的最大功率。

额定工作状态——电气设备或元器件在额定功率下的工作状态,也称为满载状态。

轻载状态——电气设备或元器件在低于额定功率的工作状态,轻载时电气设备不能得到充分利用或根本无法正常工作。

过载(超载)状态——电气设备或元器件在高于额定功率的工作状态,过载时电气设备很容易被烧坏或造成严重事故。

轻载和过载都是不正常的工作状态,一般是不允许出现的。

四、焦耳定律

1. 电流的热效应

当电流通过电阻时,电流做功而消耗电能,产生了热量,这种现象叫作电流的热效应。实践证明,电流通过导体所产生的热量和电流的平方、导体本身的电阻值以及电流通过的时间成正比。

2. 焦耳定律

焦耳定律是定量说明传导电流将电能转换为热能的定律。内容是：电流通过导体产生的热量与电流的二次方成正比，与导体的电阻成正比，与通电的时间成正比。焦耳定律数学表达式：$Q=I^2Rt$；对于纯电阻电路可推导出：$Q=W=Pt$，$Q=UIt$，$Q=(U^2/R)t$。

3. 焦耳定律规定

电流通过导体所产生的热量和导体的电阻成正比，和通过导体电流的平方成正比，和通电时间成正比。该定律是英国科学家焦耳于 1841 年发现的。焦耳定律是一个实验定律，所有的电路都能使用。

遇到电流热效应的问题时，例如要计算电流通过某一电路时放出热量；比较某段电路或导体放出热量的多少，即从电流热效应角度考虑对电路的要求时，都可以使用焦耳定律。公式如下：

电流通过导体时产生的热量（焦耳热）为

$$Q=I^2Rt$$

式中 I——通过导体的直流电流或交流电流的有效值，单位为 A；

R——导体的电阻值，单位为 Ω；

t——通过导体电流持续的时间，单位为 s；

Q——焦耳热，单位为 J。

五、电功率与电能

电功率是电路元件或设备在单位时间内吸收或发出的电能

$$P=UI$$

电能是指在一定的时间内电路元件或设备吸收或发出的电能量

$$W=Pt=UIt$$

$$1\text{度(电)}=1\text{kW}\cdot\text{h}=3.6\times10^6\text{J}$$

为了保证电气设备和电路元件能够长期安全地正常工作，都规定了额定电压、额定电流和额定功率等铭牌数据。

六、负载获得最大功率的条件

根据欧姆定律和以上知识容易证明：在电源电动势 E 及其内阻保持不变时，负载 R 获得最大功率的条件是 $R=R_0$，如图 3-4-1 所示，此时负载的最大功率值为

$$P_{\max}=\frac{E^2}{4R}$$

电源输出的最大功率为

$$P_{\text{EM}}=\frac{E^2}{2R_0}=\frac{E^2}{2R}=2P_{\max}$$

【例2】 如图 3-4-2 所示，直流电源的电动势 $E=10\text{V}$、内阻 $R_0=0.5\text{Ω}$，电阻 $R_1=2\text{Ω}$，试求可变电阻 R_P 调至多大时可获得最大功率 $P_{\max}$。

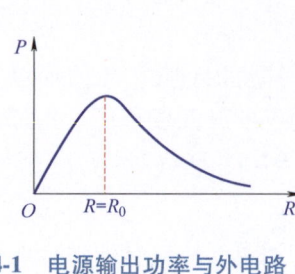
图 3-4-1　电源输出功率与外电路（负载）电阻的关系曲线

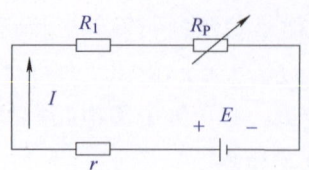
图 3-4-2　电路图

解：将（R_1+R_0）视为电源的内阻，则 $R_P = R_1+R_0 = 2.5Ω$ 时，R_P 获得最大功率。

$$P_{max} = \frac{E^2}{4R_P} = 10W$$

为一个汽车远光前照灯更换熔断器，电路图按图 3-4-3 所示连接，已知蓄电池电压为 12V，远光灯额定值为 12V、55W，试问应更换额定电流为多大的熔断器？

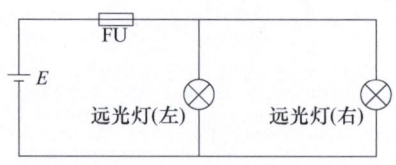

图 3-4-3　电路图

一、准备工作

按表 3-4-1 准备工具、设备、元器件及导线，检查设备外观是否完好。

表 3-4-1　复杂电路元器件清单表

序号	名称	型号与规格	单位	数量
1	蓄电池	DC 12V/DC 9V	块	2
2	开关		只	1
3	灯	12V/10W	只	1
4	熔断器	10A	只	1
5	导线	BVR1.0mm²	根	若干
6	灯泡	12V/55W	只	2

二、连接电路

依照图 3-4-3 连接电路，测量支路电流和总电流，将操作结果填入表 3-4-2。

表 3-4-2　复杂电路操作结果表

步骤	操作方法	操作现象	现象说明
1	额定电流计算值		
2	测量值		
3			

三、清理现场

实操结束，断开电源，拆除导线，按 6S 要求，清理现场，收拾工具、设备，整理操作台，清扫场地，完成任务评价表。

计算电能与电功率任务评分标准见表 3-4-3。

表 3-4-3　计算电能与电功率任务评分标准

任务名称		组别		学生姓名		工位号	
						用时长	
序号	评价项目	评价要点	配分	学生自评	小组互评	教师评价	小计
1	知识理解	理解电功率、电能和最大输出功率的基本概念	10				
		了解不同形式能量之间的转换关系	10				
		掌握电功率和电能的计算方法	20				
2	电路连接	掌握最大输出功率的计算方法	10				
		掌握电气设备的额定电压、额定电流的验证方法	10				
		任务表单填写完整	10				
3	团队协作	参与组内学习，分享学习成果	10				
4	安全文明	遵守安全文明操作规程，无事故发生	10				
5	清扫清洁	按 6S 要求清理现场，摆放器件	10				
总分				100			
教师签名				总计			

 **知识点归纳**

1. 电能与电功率的关系：电能是电功率在一段时间内的积分结果。换句话说，电功率是单位时间内消耗的电能，单位为瓦特（W）。

2. 最大输出功率的计算：最大输出功率是在给定电源内阻的情况下，电源输出的最大功率。

3. 最大输出功率与负载电阻的关系：当负载电阻等于电源内阻时，电源输出的最大功率。这是因为在这种情况下，电源的内阻和负载电阻相互抵消，使输出电流达到最大值，从而输出功率达到最大值。

4. 最大输出功率的应用：最大输出功率在电子设备设计和电力系统中有着广泛的应用。在设计电子设备时，需要选择合适的电源和负载电阻，使设备在特定的条件下能够获得最大的输出功率。在电力系统中，最大输出功率的计算可以帮助人们了解电力系统的效率和性能，从而进行合理的电力分配和能源利用。

 **思考练习**

一、选择题

1. 电能与电功率的关系是（　　）。
A. 电能是电功率在一段时间内的结果
B. 电功率是单位时间内消耗的电能
C. 电能与电功率没有直接的关系
D. 电能就是电功率

2. 最大输出功率是指（　　）。
A. 电源输出的最大功率
B. 负载电阻消耗的最大功率
C. 电源内阻消耗的最大功率
D. 电源效率最高时的功率

3. 在（　　）电源的输出功率最大。
A. 负载电阻等于电源内阻时
B. 负载电阻远大于电源内阻时
C. 负载电阻远小于电源内阻时
D. 电源内阻为零时

4. 最大输出功率在（　　）适用。
A. 纯电阻电路　　　　　　　　　　B. 非纯电阻电路
C. 都可以　　　　　　　　　　　　D. 都不可以

5. 在电力系统中，最大输出功率的作用是（　　）。
A. 帮助人们了解电力系统的效率和性能
B. 帮助人们进行合理的电力分配和能源利用
C. 预防事故或缩小事故范围
D. 没有特别的作用

6. 下列（　　）不是电功率的单位。

A. 瓦特（W）　　B. 千瓦（kW）　　C. 安培（A）　　D. 伏特（V）

7. 下列（　　）的单位是 J。

A. 电功率　　　　B. 电场强度　　　C. 电阻　　　　　D. 电能

8. 在电路分析中，人们用功率表示单位时间内完成的电功或消耗的电能（　　）是正确的。

A. 电功率的单位是 W，而电能的单位是 J

B. 电功率和电能是同一概念，只是名称不同

C. 电功率等于电能，它们没有区别

D. 电能是电功率的单位

9. 在电路分析中，最大输出功率是指一个电路或设备在特定条件下能够输出的最大功率，以下（　　）是正确的。

A. 最大输出功率等于电路的总电阻与电源的电动势之比

B. 最大输出功率等于电路的总电阻与电源的内阻之比

C. 最大输出功率等于电路的总电阻与电源的内阻之积

D. 以上都不对

10. 下列（　　）是正确的。

A. 在纯电阻电路中，电路的总电阻等于电源的内阻与负载电阻之和

B. 在纯电阻电路中，电源的电动势等于电路的总电阻与负载电阻之和

C. 在纯电阻电路中，电源的输出功率最大值等于电路的总电阻与电源内阻之比

D. 在纯电阻电路中，电源的输出功率最大值等于电路的总电阻与负载电阻之比

二、判断题

1. 电功率是单位时间内消耗的电能。　　　　　　　　　　　　　　　　（　　）

2. 当负载电阻等于电源内阻时，电源的输出功率不是最大的。　　　　　（　　）

3. 电能是一种能量，电功率是单位时间内完成的电功或消耗的电能，最大输出功率是指在特定条件下，电源能够输出的最大功率。　　　　　　　　　　　　（　　）

4. 额定功率越大的用电器，工作时消耗的电能越多。　　　　　　　　　（　　）

5. 在一定时间内，用电器消耗的电能越多，它的电功率就越大。　　　　（　　）

6. 家庭电路中的电压是 220V，不同功率的用电器工作时，它们的电功率一定不同。
　　　　　　　　　　　　　　　　　　　　　　　　　　　　　　　　（　　）

7. 两个额定电压相同、额定功率不同的用电器，在额定电压下工作时，额定功率大的用电器消耗的电能多。　　　　　　　　　　　　　　　　　　　　　（　　）

8. 某用电器铭牌上标有"220V 1000W"，它表示该用电器的额定电压是 220V，额定功率是 1000W，在额定电压下工作时，通过用电器的电流是 5A。　　　　（　　）

9. 当电源电压恒定时，输出功率随着输出电流的增大而减小。　　　　　（　　）

10. 标有"220V 40W"和"220V 100W"的两个灯泡，在正常工作时，前者的电阻小于后者的电阻。　　　　　　　　　　　　　　　　　　　　　　　　　（　　）

三、拓展题

计算一个电热水壶在特定时间内的电能消耗、平均功率和最大输出功率。假设电热水壶的电压为220V，电流为10A，加热时间为10min。根据这些数据，计算电热水壶在10min内的电能消耗。根据电功率的计算公式，计算电热水壶的平均功率和最大输出功率。

回答以下问题：

1）电热水壶在10min内消耗了多少电能？

2）电热水壶的平均功率和最大输出功率分别是多少？

3）如果增加电热水壶的加热时间或提高电压，电能消耗和输出功率会如何变化？

项目四

电容的认识

> 【项目概述】

  电容器是一种储存电荷的容器,电容器是电子设备中大量使用的电子元件之一,广泛应用于电路中的隔直通交,耦合,旁路,滤波,调谐回路,能量转换,控制等方面。电容器也是汽车电气系统广泛应用的电路元件之一。任何两块非常靠近的金属导体,中间隔以绝缘物质就构成了一个电容器。正确识别并选用电容器,是电子技术人员必须具备的基本技能。

任务一　认识电容

任务导入

电容器充放电实验电路图如图 4-1-1 所示：开关拨到 1 位置，EL_1 先发光，后熄灭；再拨到 2 位置，EL_2 同样先发光，然后熄灭。为什么会发生这样的现象？

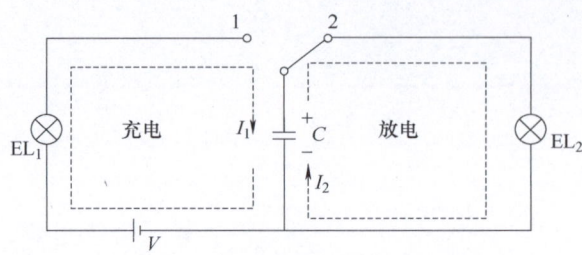

图 4-1-1　电容器充放电实验电路图

任务目标

知识目标	技能目标	素养目标
1. 知道电容的概念 2. 知道电容器的功用	能按要求进行电容器充放电实验，分析实验现象，得到结论	1. 提高安全意识、团队协作能力 2. 提升分析问题、解决问题的能力

知识链接

一、电容器

1. 电容器的结构

两个彼此靠近又相互绝缘的导体，就构成了一只电容器，这对导体叫作电容器的两个极板。

2. 电容器的种类

电容器按其电容量是否可变，可分为固定电容器和可变电容器，可变电容器还包括半可变电容器。它们在电路中的符号见表 4-1-1。

表 4-1-1　电容器在电路中的符号

名称	电容器	电解电路器	半可变电容器	可变电容器	双连可变电容器
图形符号	─┤├─	─┤┣─ (有极性) ─┤┣─ (无极性)	─┤╱├─	─┤╱├─	─┤╱├─ ─┤╱├─

固定电容器的电容量是固定不变的，它的性能和用途与两极板间的介质有关。一般常用的介质有云母、陶瓷、金属氧化膜、纸介质和铝电解质等。

电解电容器是有正负极之分的，使用时不可将极性接反或接到交流电路中，否则会将电解电容器击穿。电容量在一定范围内可调的电容器叫作可变电容器，半可变电容器又叫作微调电容器。

3. 电容器的作用

电容器是储存和容纳电荷的装置，也是储存电场能量的装置。电容器每个极板上所储存电荷的量叫作电容器的电量。

将电容器两极板分别接到电源的正、负极上，使电容器两极板分别带上等量异号电荷，这个过程叫作电容器的充电过程。

电容器充电后，极板间有电场和电压。用一根导线将电容器两极板相连，两极板上正、负电荷中和，电容器失去电量，这个过程称为电容器的放电过程。

二、电容

1. 电容（C）

当电容器极板上所带的电量 Q 增加或减少时，两极板间的电压 U 也随之增大或减小，但 Q 与 U 的比值是一个恒量，不同的电容器，Q/U 的值不同。

电容器所带电量与两极板间电压之比，称为电容器的电容。

$$C = \frac{Q}{U}$$

电容反映了电容器储存电荷能力的大小，它只与电容本身的性质有关，与电容器所带的电量及电容器两极板间的电压无关。

2. 单位

电容的单位有法拉（F）、微法（μF）、皮法（pF），它们之间的换算为

$$1F = 10^6 \mu F = 10^{12} pF$$

三、平行板电容器的电容

图 4-1-2 所示的平行板电容器的电容 C，与介电常数 ε 成正比，与两极板正对的面积 S 成正比，与极板间的距离 d 成反比，即

$$C = \frac{\varepsilon S}{d}$$

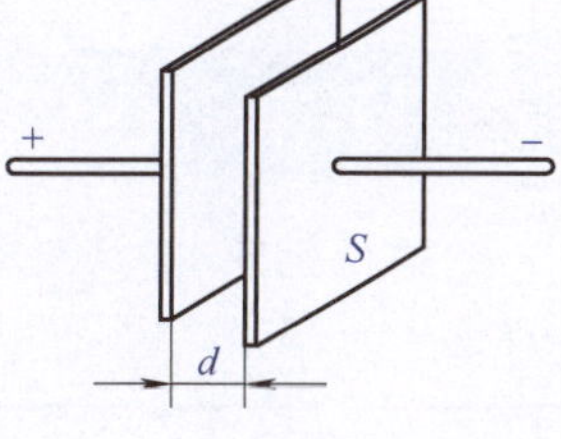

图 4-1-2 平行板电容器

式中，介电常数 ε 由介质的性质决定，单位是 F/m。真空介电常数为

$$\varepsilon_0 \approx 8.86 \times 10^{-12} F/m$$

某种介质的介电常数 ε 与真空介电常数 ε_0 之比，叫作该介质的相对介电常数，用 ε_r 表示，即 $\varepsilon_r = \varepsilon / \varepsilon_0$。

一、准备工作

按表 4-1-2 准备工具、设备、元器件及导线,检查设备外观是否完好。

表 4-1-2 电容器充放电实验清单表

序号	名称	型号与规格	单位	数量
1	蓄电池	DC 12V	块	1
2	开关		只	1
3	电容器	10Ω	只	1
4	发光二极管		只	1
5	导线	BVR1.0mm^2	根	若干

二、连接电路

依照图 4-1-1 连接电路,进行以下操作:开关拨到 1 位置、开关拨到 2 位置,并将操作结果填入表 4-1-3。

表 4-1-3 电容器充放电实验记录表

步骤	操作方法	现象	现象说明
1	开关拨到 1 位置		
2	开关拨到 2 位置		

三、清理现场

实操结束,断开电源,拆除电路元器件,按 6S 要求,清理现场,收拾工具、设备,整理操作台,清扫场地,完成任务评价表。

电容器充放电实验任务评分标准见表 4-1-4。

表 4-1-4 电容器充放电实验任务评分标准

任务名称		组别		学生姓名		工位号	
						用时长	
序号	评价项目	评价要点	配分	学生自评	小组互评	教师评价	小计
1	知识理解	能讲述电容等概念及含义	10				
		能讲述电容器概念及含义	10				
		会讲述电容器的用途	10				

(续)

序号	评价项目	评价要点	配分	学生自评	小组互评	教师评价	小计
2	实验操作	能整理出所需要的实训元器件	10				
		按图正确连接，正确分析实验结果	20				
		任务表单填写完整	10				
3	团队协作	参与组内学习，分享学习成果	10				
4	安全文明	遵守安全文明操作规程，无事故发生	10				
5	清扫清洁	按 6S 要求清理现场，摆放器件	10				
	总分				100		
	教师签名				总计		

知识点归纳

电容器是储存和容纳电荷的装置，也是储存电场能量的装置。

思考练习

一、选择题

1. 平行板电容器在极板面积和介质一定时，如果减小两极板间的距离，则电容量将（　　）。

　　A. 增大　　　　　B. 减小　　　　　C. 不变　　　　　D. 不能确定

2. 某电容器两端的电压为 40V 时，它所带的电荷量是 0.2C，若它两端的电压降到 10V 时，则（　　）。

　　A. 电荷量保持不变　　　　　　　　B. 电容量保持不变

　　C. 电荷量减少一半　　　　　　　　D. 电荷量减小

3. 关于电容器的电容，下列说法不正确的是（　　）。

　　A. 电容是描述电容器容纳电荷的本领

　　B. 电容器的电容与极板间距、正对面积等有关

　　C. 在 SI 制中电容的单位是法拉

　　D. 电容器带电时，两个极板只有一个板上有电荷

4. 关于电容器的充放电，下列说法中正确的是（　　）。

　　A. 充放电过程中外电路有瞬间电流

　　B. 充放电过程中外电路有恒定电流

　　C. 充电过程中电源提供的电能全部转化为内能

　　D. 放电过程中电容器中的电场能逐渐减小

二、判断题

1. 平行板电容器的电容量与外加电压的大小是无关的。（   ）
2. 电容器须在电路中使用才会带有电荷，所以此时才会有电容量。（   ）
3. 两块靠近平行的木板构成电容器。（   ）
4. 电容器储存的电荷越多，电容量越大。（   ）

任务二　认识电容器的连接方式

 **任务导入**

想一想：你在电子零件店买了三个电容器，它们分别是 $2\mu F$、$3\mu F$、$6\mu F$，但是它们对你需要的电容器来说都太大了，你正需要一个 $1\mu F$ 电容器，该怎么办？

提示：电容器的连接如图 4-2-1 所示。

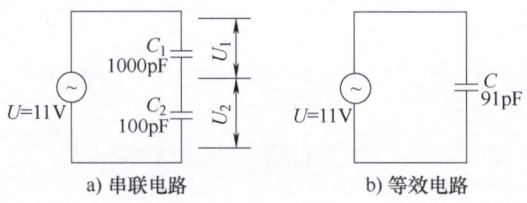

a) 串联电路　　　　　b) 等效电路

电容器的串联

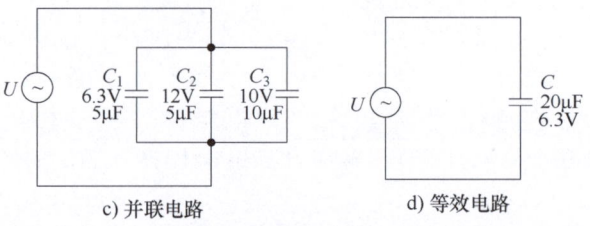

c) 并联电路　　　　　d) 等效电路

电容器的并联

图 4-2-1　电容器的连接

 **任务目标**

知识目标	技能目标	素养目标
1. 知道电容器串联的规律 2. 知道电容器并联的规律	计算分析串并联电容的值	1. 提高安全意识、团队协作能力 2. 提升分析问题、解决问题的能力

一、电容器的串联

如图 4-2-2 所示,把几个电容器首尾相接连成一个无分支的电路,称为电容器的串联。串联总电容(等效电容)为 C

$$\frac{1}{C} = \frac{1}{C_1} + \frac{1}{C_2} + \frac{1}{C_3}$$

即串联电容器总电容的倒数等于各电容器电容的倒数之和。

二、电容器的并联

如图 4-2-3 所示,把几只电容器的一端连在一起,另一端也连在一起的连接方式,叫作电容器的并联。

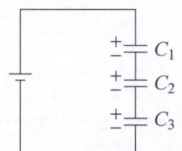

图 4-2-2　电容器的串联

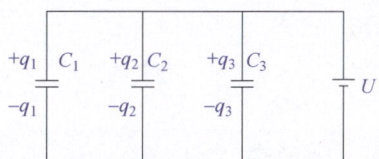

图 4-2-3　电容器的并联

并联电容器的总电容(等效电容)为 C

$$C = C_1 + C_2 + C_3$$

即并联电容器的总电容等于各电容器的电容之和。

【例 1】　如图 4-2-4 所示,$C_1 = C_2 = C_3 = C_0 = 200\mu F$,试求这组串联电容器的等效电容。

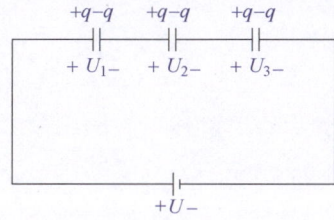

图 4-2-4　电容器的串联

解:三只电容器串联后的等效电容为

$$C = \frac{C_0}{3} = \frac{200}{3}\mu F \approx 66.67\mu F$$

【例2】 电容器 A 的电容为 $10^{-5}\mu F$，电容器 B 的电容为 $2\times10^{-5}\mu F$，把它们并联在一起，试求其总电容。

解：电容器 A、B 并联后的总电容为
$$C = C_1 + C_2 = 3\times10^{-5}\mu F$$

电容器连接任务评分标准见表 4-2-1。

表 4-2-1 电容器连接任务评分标准

任务名称		组别		学生姓名		工位号	
						用时长	
序号	评价项目	评价要点	配分	学生自评	小组互评	教师评价	小计
1	知识理解	知道电容器连接的含义	10				
		能讲述电容器连接的种类	10				
		能计算串、并联电容器的值	10				
2	实验操作	会串、并联电容器	20				
		定性分析串并联电容器的值	20				
3	团队协作	参与组内学习，分享学习成果	10				
4	安全文明	遵守安全文明操作规程，无事故发生	10				
5	清扫清洁	按 6S 要求清理现场，摆放器件	10				
总分				100			
教师签名				总计			

1. 串联电容器总电容的倒数等于各电容器电容的倒数之和。
2. 并联电容器的总电容等于各电容器的电容之和。

一、选择题

1. 一空气介质平行板电容器，充电后仍与电源保持相连，并在极板中间放入介质，则电容器所带电荷量将（　　）。

A. 增加一倍　　　　B. 减少一半　　　　C. 保持不变　　　　D. 不能确定

2. 平行板电容器始终与电池相连，现将一块均匀的电介质板插进电容器，恰好插满两极板间的空间，与未插电介质时相比（　　）。

　　A. 电容器所带的电荷量增大　　　　B. 电容器的电容增大

　　C. 两极板间各处电场强度减小　　　D. 两极板间的电势差减小

3. 下列关于电容器的说法中，正确的是（　　）。

　　A. 电容越大的电容器，带电荷量也一定越多

　　B. 电容器不带电时，其电容为零

　　C. 由 $C=Q/U$ 可知，C 不变时，只要 Q 不断增加，则 U 可无限制地增大

　　D. 电容器的电容与它是否带电无关

4. 一个电容器的规格是"10μF、50V"，则（　　）。

　　A. 这个电容器加上 50V 电压时，电容才是 10μF

　　B. 这个电容器最大电容量为 10μF，带电荷量较少时，电容量大于 10μF

　　C. 这个电容器的电容为 10^{-5}F

　　D. 这个电容器加的电压不能低于 50V

5. 某电容器两端的电压为 40V 时，它所带的电荷量是 0.2C，若它两端的电压降到 10V，则（　　）。

　　A. 电荷量保持不变　　　　　　　　B. 电容量保持不变

　　C. 电荷量减少一半　　　　　　　　D. 电容量减小

二、判断题

1. 若干只电容器串联，电容量越小的电容器所带的电荷量也越少。　　　　　　（　　）

2. 电容器充电时电流与电压方向一致，电容器放电时电流和电压的方向相反。（　　）

3. 电容器在电路中实际承受的电压不能超过它的耐压值。　　　　　　　　　（　　）

4. 使用电解电容器时，两个电极可以随便接。　　　　　　　　　　　　　　（　　）

5. 在振动式电喇叭中，与触点并联的电容器或电阻是用来减小触点分开时的电火花，延长触点使用寿命的。　　　　　　　　　　　　　　　　　　　　　　　　　（　　）

任务三　识别电容器

刘师傅在维修汽车电路过程中，通过检测，需要更换一个电容器，原来的电容器标识模糊不清，请你帮助他想想办法！

知识目标	技能目标	素养目标
知道电容器规格、不同标识的含义	会识别不同用途的电容器，并正确选用	1. 提高安全意识、团队协作能力 2. 提升分析问题、解决问题的能力

一、电容器的分类

1. 按介质种类分

电容器按介质种类分为无机介质电容器、有机介质电容器、电解电容器、气体介质电容器和液体介质电容器。

2. 按电容量是否可以调整分类

电容器按电容量是否可以调整分为固定电容器、可变电容器和半可变电容器。

二、电容器的极性

1）采用不同的端头形状来表示引脚的极性，这种方式往往出现在两根引脚轴向分布的电解电容器中。

2）标出负极性引脚，在电解电容器的绝缘套上画出像负号的符号，以表示这一引脚为负极性引脚。

3）采用长短不同的引脚来表示引脚极性，通常，长的引脚为正极性引脚。

4）对于旧的已经失去外部标志的电解电容器，可以用万用表测量电解电容器的漏电电阻的方法，来判定正负极，具体做法是：测量该电容器的漏电电阻，并记下这个阻值的大小，然后将红、黑表棒对调再测电容器的漏电电阻，将两次所测得的阻值对比，漏电电阻小的一次，黑表棒所接触的是负极。

三、电容器的识读

电容器有以下标注方法：

1. 直标法

直标法是将电容器的标称容量、耐压等直接印在电容器表面，如"10μF10V""47μF25V"等。若是零点零几，常把整数位的"0"省去，例如电容".02μF"表示0.02μF。

另外，还有不标容量单位的直标法，它是用一位到四位大于1的数表示电容量，单位是pF；用零点几数字表示容量大小的，其单位是μF，如图4-3-1所示。

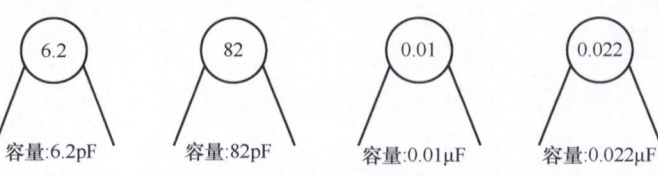

图 4-3-1　直标法

2. 数字符号法

将电容器的容量用数字和单位符号按一定规则进行标称的方法，称为数字符号法。具体方法是：容量的整数部分、容量的单位符号、容量的小数部分。容量的单位符号F、mF、μF、nF、pF。

举例如下：18p 表示容量是 18pF、5p6 表示容量是 5.6pF、2n2 表示容量是 2.2nF（2200pF）、4m7 表示容量是 4.7mF（4700μF）。

3. 数码标注法

用三位数字表示电容量大小的标注方法，称为数码标注法。例如用 abc 表示这三个数，a 和 b 分别表示电容量的第一位和第二位有效数字，c 表示二位有效数字后加"0"的个数，电容器容量的单位是 pF，如图 4-3-2 所示。需要另外说明的是，如果第三位数是"9"，则表示倍率为 10^{-1}。例如，"229"则表示 $22×10^{-1}pF = 2.2pF$。

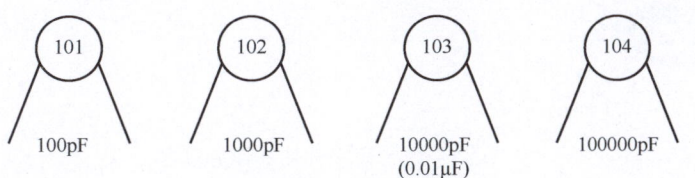

图 4-3-2　数码标注法

4. 色码标注法

用三种颜色圈表示电容量大小的标注方法，称为色码标注法。其颜色是黑、棕、红、橙、黄、绿、蓝、紫、灰、白，分别表示 0~9 的 10 个数字。

识别的方法是：色环顺序自上而下，沿着引线方向排列；分别是第一、第二、第三道色圈，第一、第二颜色表示电容的两位有效数字，第三颜色表示有效数字后加"0"的个数，电容的单位规定用 pF。图 4-3-3 所示为色码标注法举例。

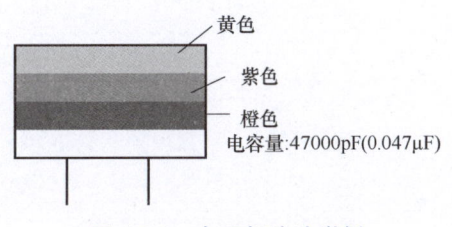

图 4-3-3　色码标注法举例

1. 常用电容器的识别

教师活动：教师可提供 10 个不同类型的电容器给学生，说明电容器识别的常用方法后，布置具体操作任务和要求。

学生活动：学生可根据提供的电容器、操作任务和要求一一进行检测与识别，并把识别结果填入技训表中。

2. 电解电容器极性的判别

教师活动：教师可通过实物或多媒体演示，引导学生学习电解电容器极性的直接观察法，然后再演示万用表判别法的具体操作过程和方法。

学生活动：学生可在教师的引导下，通过仔细观察、模仿、实操等手段学习电解电容器极性的直接观察法和万用表判别法。

1）直接观察法。电解电容器有两个引脚，在使用中应注意正负极性。一般长引脚为正极，短引脚为负极。另外，从电容器的外壳也可判断其正、负极性，标有"－"号的一端为负极，另一端为正极。

2）万用表判别法。

① 先测量电解电容器任意两极间的漏电阻。

② 交换红、黑表笔，再次测量电解电容器的漏电阻。

③ 如果电解电容器性能良好，在两次测量结果中，阻值大的一次便是正向接法，即红表笔接电解电容器的负极，黑表笔接电解电容器的正极。

3. 常用电容器质量的检测

教师活动：教师可现场示范或利用多媒体展示电容器质量检测的正确操作方法与步骤，并要求学生把测量的结果填写到规定的技训表中。

学生活动：学生可在教师的组织与引导下练习各种电容器质量检测。

电容器识别任务评分标准见表 4-3-1。

表 4-3-1 电容器识别任务评分标准

任务名称		组别			学生姓名		工位号	
							用时长	
序号	评价项目	评价要点	配分	学生自评	小组互评		教师评价	小计
1	知识理解	能讲述电容器识别的方法	10					
		能识别电解电容器的极性	10					
		会识别电容器	10					
2	实验操作	能整理出所需实训元器件	10					
		按要求识别电容器，正确分析实验结果	20					
		任务表单填写完整	10					
3	团队协作	参与组内学习，分享学习成果	10					
4	安全文明	遵守安全文明操作规程，无事故发生	10					
5	清扫清洁	按 6S 要求清理现场，摆放器件	10					
总分			100					
教师签名						总计		

电容器有多种分类方法，电容器上的数字或者颜色代表电容器的规格，能够根据电容器上的数字或者颜色正确识别并选用电容器，能用万用表判断电解电容器的极性。

一、填空题

1. 平行板电容器的带电量 $Q = 3 \times 10^{-8}$ C，两极板间的电压 $U = 2$ V，则它的电容为_____F；如果将两板的带电量各减少一半，则两板电势差为_____V，电容器电容为_____F；若将两板的带电量减为 0，则它的电容将为_____F。

2. 连接在电源两极板上的平行板电容器，当两极板间的距离减小时，电容器的电容 C 将_____，带电量 Q 将_____，电势差 U 将_____，极板间的电场强度 E 将_____。（"增大""减小"或"不变"）

二、判断题

1. 平行板电容器的电容量与外加电压的大小有关。（   ）
2. 电容器的电容量与是否在电路中使用无关。（   ）
3. 两块靠近平行的木板构成电容器。（   ）
4. 电容器充电时电流与电压方向一致，电容器放电时电流和电压的方向相反。（   ）

三、选择题

1. 电容器 C_1、C_2 并联后，其总电容为（   ）。
   A. C_1 与 C_2 之和 B. C_1 与 C_2 之差
   C. C_1 与 C_2 之积 D. C_1 与 C_2 之比

2. 电容器具有（   ）。
   A. 通直流隔交流的作用 B. 通交流隔直流的作用
   C. 通交流通直流的作用 D. 隔交流隔直流的作用

3. 将 $C_1 = 20\mu$F、耐压 100V 的电容器与 $C_2 = 30\mu$F、耐压 100V 的电容器串联在 150V 的电压上，C_2 上的电压为（   ）。
   A. 100V   B. 60V   C. 150V   D. 50V

四、简答题

电容器在电路中起什么作用？

项目五
磁场的认识

> **【项目概述】**
>
> 　　磁场在汽车中的应用非常广泛,如发电机、起动机和继电器等。本项目通过探究奥斯特实验,引入对电流的磁效应、磁场基本物理量、电磁继电器工作原理及应用的学习。

任务一　认识电流的磁效应

奥斯特实验电路如图 5-1-1 所示：沿着静止的小磁针方向，把一根导线水平放置在它的正上方，当闭合开关后，发现小磁针发生了偏转，这说明了什么？如果改变电流方向，小磁针又将如何？请按图连接电路，试探究小磁针偏转方向与电流方向的关系。

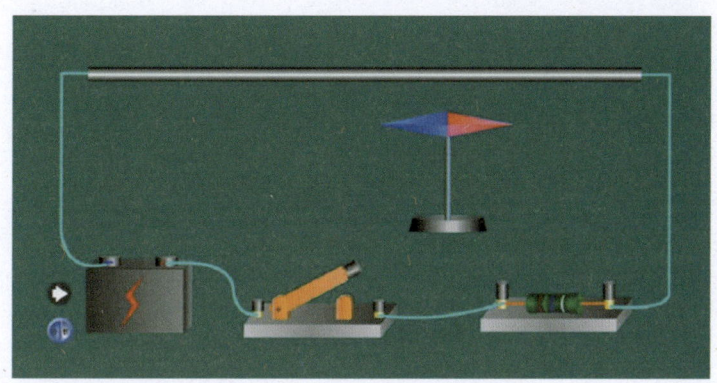

图 5-1-1　奥斯特实验电路

知识目标	技能目标	素养目标
1. 能理解基本磁现象 2. 会叙述电流磁效应内容	能按要求完成奥斯特实验，分析实验现象，推导结果	培养学生团队协作意识，提高分析问题、解决问题的能力

一、电流的磁效应

电流的磁效应是指任何通有电流的导线，都可以在其周围产生磁场的现象，且磁场方向与电流方向有关。

二、磁性与磁体

1）磁性：在物理学中把物体能够吸引铁、钴、镍等物质的性质叫作磁性。

2）磁体：具有磁性的物体叫作磁体，有天然磁体和人造磁体两种，能长期保持磁性的叫作永久磁体，人造磁体通常是用钢或合金经过加工处理制成的，根据需要常制成各种的形状，如条形磁体、蹄形磁体和磁针等。

3）磁极：磁体上磁性最强的部位叫作磁极。磁体具有两个磁极，即南极（S 极）和北极（N 极）。一根条形磁体断为两截后，每一段都有 N、S 两极。

4）磁极间相互作用规律：同名磁极相互排斥，异名磁极相互吸引。

5）磁化：使原来没有磁性的物体获得磁性的过程叫作磁化。

三、磁场

1. 磁场的定义

磁体周围存在一种看不见、摸不着的物质，能使磁针偏转，把这种物质叫作磁场。磁体间的相互作用就是通过它们各自的磁场发生的。

2. 磁场的性质

磁场能够对放入其中的磁体产生力的作用。

3. 磁场的存在

磁体周围存在磁场，电流、运动的电荷周围也存在磁场。

4. 磁场的方向

1）在磁场中的某一点，小磁针静止时北极所指的方向就是该点的磁场方向。

2）在磁场中的某一点，小磁针北极所受磁场力的方向与该点的磁场方向一致。

四、磁感线

1. 磁感线的定义

为了描述空间磁场的分布情况，在磁场中画一些有方向的曲线，曲线上任何一点的切线方向都与放在该点的小磁针静止时北极所指的方向一致，这样的曲线叫作磁感线。磁体周围的磁感线都是从磁体北极出发的，回到磁体南极。

2. 磁感线的说明

1）磁感线是假想出来的，不是客观存在的真实曲线。

2）磁场方向、磁感线方向和小磁针静止时 N 极所指的方向一致。

3）磁感线是闭合曲线且互不交叉。

4）在磁体外部，磁感线从 N 极出发，回到 S 极；在磁体内部，磁感线从 S 极出发指向 N 极。

5）磁感线的疏密表示磁场的强弱，磁感线越密、磁场强度越强；磁感线越疏，磁场强度越弱。

6）没有画磁感线的地方，不表示那里没有磁场。

常见磁体的磁感线分布如图 5-1-2 所示。

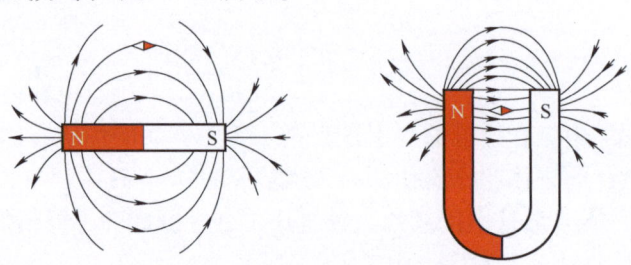

图 5-1-2　常见磁体的磁感线分布

五、右手螺旋定则

右手螺旋定则也叫作安培定则，是表示电流和电流所激发磁场方向之间关系的定则，如图 5-1-3 所示。

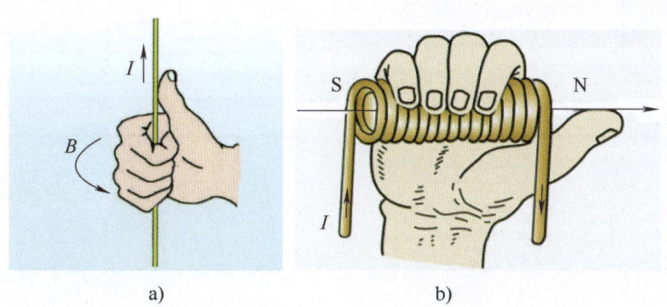

图 5-1-3　右手螺旋定则

通电直导线中的安培定则：用右手握住通电直导线，让大拇指指向直导线中电流方向，那么四指指向就是通电导线周围磁场的方向。

通电螺线管中的安培定则：用右手握住通电螺线管，让四指指向电流的方向，那么大拇指所指的那一端是通电螺线管的 N 极，通电螺线管的磁场分布与条形磁体的磁场相似。

一、准备工作

按表 5-1-1 准备工具、设备、元器件及导线，检查设备外观是否完好。

表 5-1-1　奥斯特实验材料清单表

序号	名称	型号与规格	单位	数量
1	蓄电池	DC 12V	块	1
2	开关		只	1
3	电阻	10Ω	只	1
4	小磁针		只	1
5	粗铜线	BV6.0mm²	根	1
6	支架		只	2
7	导线	BVR1.0mm²	根	若干

二、连接电路

依照图 5-1-1 连接电路，小磁针平行放置于粗铜线正下方，要求进行闭合开关、断开开关、反向连接电池正负极操作，并将操作结果填入表 5-1-2。

表 5-1-2　奥斯特实验操作结果表

步骤	操作方法	操作现象	现象说明
1	断开开关		
2	闭合开关		
3	反向连接电池正负极		

三、清理现场

实操结束，断开电源，拆除导线，按 6S 要求，清理现场，收拾工具、设备，整理操作台，清扫场地，完成任务评价表。

奥斯特实验任务评分标准见表 5-1-3。

表 5-1-3　奥斯特实验任务评分标准

任务名称		组别			学生姓名		工位号	
							用时长	
序号	评价项目	评价要点	配分	学生自评	小组互评	教师评价	小计	
1	知识理解	能讲述磁体概念及含义	10					
		能讲述磁场概念及含义	10					
		会讲述磁感线概念及含义	10					
2	实验操作	能整理出所需的实训元器件	10					
		按图正确连接，正确分析实验结果	20					
		任务表单填写完整	10					
3	团队协作	参与组内学习，分享学习成果	10					
4	安全文明	遵守安全文明操作规程，无事故发生	10					
5	清扫清洁	按 6S 要求清理现场，摆放器件	10					
总分			100					
教师签名				总计				

知识点归纳

1. 电流的磁效应是指任何通有电流的导线，都可以在其周围产生磁场的现象，且磁场方向与电流方向有关。

2. 磁性：在物理学中把物体能够吸引铁、钴、镍等物质的性质叫作磁性。

3. 磁体：具有磁性的物体叫作磁体。

4. 磁体周围存在一种看不见、摸不着的物质，能使磁针偏转，人们把这种物质叫作磁场。

5. 为了描述空间磁场的分布情况，在磁场中画一些有方向的曲线，曲线上任何一点的切线方向都与放在该点的小磁针静止时北极所指的方向一致，这样的曲线叫作磁感线。

6. 右手螺旋定则

1）对于直导线：用右手握住通电直导线，让大拇指指向直导线中电流方向，那么四指指向就是通电导线周围磁场的方向。

2）对于通电螺线管：用右手握住通电螺线管，让四指指向电流的方向，那么大拇指所指的那一端是通电螺线管的N极，通电螺线管的磁场分布与条形磁体的磁场相似。

一、选择题

1. 首先发现"电流磁效应"的科学家是（   ）。
   A. 奥斯特　　　　　B. 安培　　　　　C. 法拉第　　　　D. 焦耳

2. 实验表明，磁体能吸引一元硬币，对这种现象正确的解释是（   ）。
   A. 硬币一定是铁做的，因为磁体能吸引铁
   B. 硬币一定是铝做的，因为磁体能吸引铝
   C. 磁体的磁性越强，吸引的物质种类越多
   D. 硬币中含有磁性材料，磁化后能被吸引

3. 一根条形磁铁从中间断开后，得到的是（   ）。
   A. 一段只有N极，另一段只有S极的磁铁
   B. 两段均无磁性的铁块
   C. 两段各有N极和S极的磁铁
   D. 两段磁极无法确定的磁铁

4. 关于磁体、磁场和磁感线，以下说法中正确的是（   ）。
   A. 铜、铁和铝都能够被磁体所吸引
   B. 磁感线是磁场中真实存在的曲线
   C. 磁体之间的相互作用都是通过磁场发生的
   D. 物理学中，把小磁针静止时S极所指的方向规定为该点磁场的方向

5. 如下图所示，箭头表示磁感线的方向，小磁针静止时N极指向（   ）。
   A. 向上　　　　　B. 向下　　　　　C. 向左　　　　　D. 向右

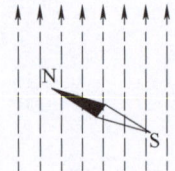

6. 如下图所示，通电螺线管与条形磁铁相互吸引的是（　　）。

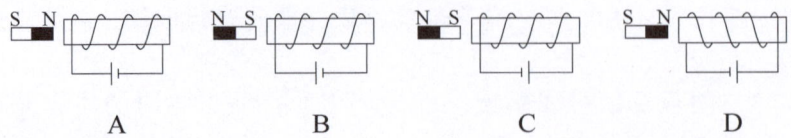

7. 奥斯特实验说明了（　　）。
   A. 电流周围存在磁场　　　　　　　　B. 电流在磁场中受到力的作用
   C. 导线做切割磁感线运动时会产生电流　D. 小磁针没有在磁场中也会转动
8. 磁体周围的磁感线都是从磁体（　　）出发的，回到磁体（　　）。
   A. 北极，南极　　　　　　　　　　　B. 南极，北极
   C. 南极，南极　　　　　　　　　　　D. 北极，北极
9. 用右手握住通电直导线，让大拇指指向直导线中（　　）方向，那么四指指向就是通电导线周围（　　）的方向。
   A. 磁场，电流　　　　　　　　　　　B. 磁场，磁场
   C. 电流，磁场　　　　　　　　　　　D. 电流，电流
10. 磁体间的相互作用就是通过它们各自的（　　）发生的。
    A. 感应　　　　　　　　　　　　　　B. 作用
    C. 吸力　　　　　　　　　　　　　　D. 磁场

二、判断题

1. 磁极间相互作用规律：同名磁极相互排斥，异名磁极相互吸引。（　　）
2. 磁体周围存在磁场，电流、运动的电荷周围不存在磁场。（　　）
3. 没有画磁感线的地方，表示那里没有磁场。（　　）
4. 磁场有这样的性质：对放入其中磁体产生力的作用。（　　）
5. 磁感线是闭合曲线，可以相互交叉。（　　）

任务二　认识磁场基本物理量

通电导线周围存在磁场，磁场的方向与电流方向有关，那么通电导线产生的磁场强弱与哪些因素有关呢？以通电螺线管为例，如图 5-2-1 所示，试进行探究。

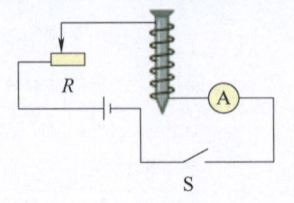

图 5-2-1　通电螺线管电路图

知识目标	技能目标	素养目标
会叙述磁场的基本物理量	完成影响通电螺线管磁场强弱的因素实验	培养学生的团队协作意识和服务意识

一、磁通（Φ）

磁通用来描述在磁场中一定面积上磁感线的分布情况，它是一个标量。

垂直通过磁场中某一面积磁感线的总数，叫作通过该面积的磁通量，简称磁通，单位是韦伯（Wb）。当面积一定时，通过该面积的磁感线越多，磁通越大，磁场就越强。

二、磁感应强度（B）

磁感应强度是表示磁场强弱和方向的物理量，它是矢量，常用符号 B 表示，国际通用单位为特斯拉（T）。磁感应强度也被称为磁通（量）密度。垂直通过单位面积上磁感线的多少，叫作该点的磁感应强度。在均匀磁场中，磁感应强度数值可以表示为

$$B = \frac{\Phi}{S}$$

磁场中各点的磁感应强度大小相等、方向相同，这样的磁场称为均匀磁场。

磁感应强度可用磁感线的疏密程度来表示，磁场强的地方，磁感线稠密；磁场弱的地方，磁感线稀疏。磁感线若是直线，磁感应强度的方向就是磁感线的指向；曲线分布的磁场，曲线上某点的磁感应强度的方向指的是该点的切线方向。

三、磁导率（μ）

不同物质导电性能不同，同样，不同物质的导磁性能也不一样。

为了描述不同物质的导磁能力，引入了磁导率这个物理量，磁导率的大小反映了物质导磁能力的强弱。磁导率的单位是亨利/米（H/m）。

真空的磁导率常用 μ_0 表示，$\mu_0 = 4\pi \times 10^7 \text{H/m}$

自然界所有的物质按磁导率大小，大体上可以分为磁性材料和非磁性材料，非磁性材料 μ 近似等于 μ_0，而磁性材料的 μ 很大。

不同的物质磁导率不同，在相同的条件下，磁导率值越大，磁感应强度 B 越大，磁场越强；磁导率值越小，磁感应强度 B 越小，磁场越弱。

四、磁场强度（H）

磁场强度是计算磁场时所引用的物理量，它是矢量，其方向与磁感应强度方向同向，单位是安培/米（A/m），磁场中某点的磁场强度在数值上等于该点磁感应强度与介质磁导率

的比值，即

$$H = \frac{B}{\mu}$$

注意：磁场中各点的磁场强度 H 大小与产生磁场的电流大小和导体的形状有关，与磁介质的性质无关。

一、准备工作

按表 5-2-1 准备工具、设备、元器件及导线，检查设备外观是否完好。

表 5-2-1 通电螺线管电路清单表

序号	名称	型号与规格	单位	数量
1	蓄电池	DC 12V	块	1
2	开关		只	1
3	滑动变阻器		个	1
4	电流表		块	1
5	铁棒	10cm	根	1
6	大头针		根	若干
7	导线	BVR1.0mm²	根	若干

二、探究影响通电螺线管磁性强弱的因素

提出问题：影响通电螺线管磁性强弱的因素有哪些？

建立假设：可能与是否带铁心有关

　　　　　可能与线圈的匝数有关

　　　　　可能与电流的大小有关

设计实验：影响通电螺线管磁性的强弱可有多个因素，可采用控制变量法来逐一研究。用什么方法来判断电磁铁磁性的强弱呢？用吸引大头针的多少来体现。

首先设置对照组：按图 5-2-1 连接好电路，将滑动变阻器滑到最大阻值，导线绕铁棒10圈，然后抽出铁棒，固定好线圈，闭合开关，将线圈靠近大头针，记下被吸引的大头针数目。

在对照组的实验基础上，分别进行下列操作，将结果填入表 5-2-2，试分析该现象说明了什么。

表 5-2-2 通电螺线管电路操作结果表

步骤	操作	操作现象	现象说明
1	在线圈中插入铁棒		
2	将滑动变阻器滑到中间阻值		
3	将线圈匝数增加到20圈		

三、清理现场

实操结束，断开电源，拆除各零件，按 6S 要求，清理现场，收拾工具、设备，整理操作台，清扫场地，完成任务评价表。

通电螺线管电路任务评分标准见表 5-2-3。

表 5-2-3　通电螺线管电路任务评分标准

任务名称		组别			学生姓名		工位号	
							用时长	
序号	评价项目	评价要点	配分	学生自评	小组互评	教师评价	小计	
1	知识理解	能叙述磁场的基本物理量	20					
2	实验探究	能整理出所需的实训元器件	10					
		实验现象、结论正确	10					
		任务表单填写完整	10					
		能用基本物理量解释实验现象	20					
3	团队协作	参与组内学习，分享学习成果	10					
4	安全文明	遵守安全文明操作规程，无事故发生	10					
5	清扫清洁	按 6S 要求清理现场，摆放器件	10					
总分			100					
教师签名					总计			

1. 磁通（量）（Φ）是指垂直通过磁场中某一面积磁感线的总数，它是标量。
2. 磁感应强度（B）是表示磁场强弱和方向的物理量，它是矢量。
3. 磁导率（μ）的大小反映了物质导磁能力的强弱。
4. 磁场强度（H）是计算磁场时所引用的物理量，与磁介质的性质无关，与产生磁场的电流大小和导体的形状有关。

思考练习

一、选择题

1. 电流磁效应是指（　　）导线周围存在磁场，磁场的方向与电流方向有关。

A. 断电   B. 通电
C. 磁场中的   D. 做切割磁感线运动的
2.（   ）用来描述在磁场中一定面积上磁感线的分布情况，它是一个标量。
A. 磁通   B. 磁感线   C. 磁场强度   D. 磁感应强度
3. 磁通量简称磁通，它的单位是（   ）。
A. 安培/米（A/m） B. 瓦特（W） C. 特斯拉（T） D. 韦伯（Wb）
4.（   ）是表示磁场强弱和方向的物理量，它是矢量。
A. 磁通   B. 磁场强度   C. 磁感应强度   D. 磁导率
5. 磁场中各点的磁感应强度大小相等、方向相同，这样的磁场称为（   ）。
A. 普通磁场   B. 均匀磁场   C. 合成磁场   D. 叠加磁场
6. 磁感线曲线上某点的磁感应强度的方向指的是该点的（   ）方向。
A. 径向   B. 曲线   C. 法线   D. 切线
7. 磁导率的大小反映了物质（   ）能力的强弱。
A. 导磁   B. 生磁   C. 传磁   D. 磁化
8. 磁导率的单位是（   ）。
A. 特斯拉（T） B. 亨利/米（H/m） C. 安培/米（A/m） D. 韦伯（Wb）
9. 磁场中某点的磁场强度在数值上等于该点（   ）与介质磁导率的比值。
A. 磁感应强度   B. 磁场强度
C. 磁通   D. 磁导率
10. 不是影响通电螺线管磁性强弱的因素有（   ）。
A. 是否带铁心   B. 线圈匝数
C. 电流大小   D. 被吸引大头针数目

二、判断题

1. 当面积一定时，通过该面积的磁感线越多，磁通越大，磁场就越弱。（   ）
2. 磁感应强度也被称为磁通（量）密度。   （   ）
3. 磁感应强度可用磁感线的疏密程度来表示，磁场强的地方，磁感线稀疏。（   ）
4. 不同物质的导磁性能不一样。   （   ）
5. 自然界所有的物质按磁导率大小，大体上可以分为磁性材料和非磁性材料。（   ）

 任务三　搭建继电器控制电路

任务导入

继电器控制灯泡电路图如图 5-3-1 所示，它是用小电流控制大电流工作的一种"自动开关"，常用于自动化的控制电路中。当合上开关时，灯泡被点亮；断开开关时，灯泡熄灭。分析继电器的工作原理，指出图中各组成部分名称及作用；按图连接电路，实现控制功能。

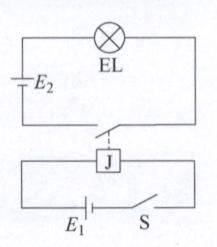

图 5-3-1　继电器控制
灯泡电路图

知识目标	技能目标	素养目标
能阐述继电器工作原理	会搭建简单继电器控制电路	培养学生举一反三、灵活运用知识的能力

汽车电路中使用的继电器主要是电磁继电器，所以下面主要介绍电磁继电器的相关知识。

一、概述

电磁继电器是利用输入信号（电压、电流）在电磁铁铁心中产生电磁力，吸引衔铁，从而使触点动作实现断开、闭合或转换控制的一种机电元件。电磁继电器广泛应用于航空、航天、船舶、汽车和家电等领域，主要完成信号传递、执行控制和系统配电等功能，是各系统中关键电子元器件之一。

二、结构和工作原理

电磁继电器是利用电磁铁控制工作电路通断的开关。

1）电磁继电器的结构如图 5-3-2 所示，电磁继电器的主要部件有电磁铁 A、衔铁 B、弹簧 C 和动触点 D、静触点 E。

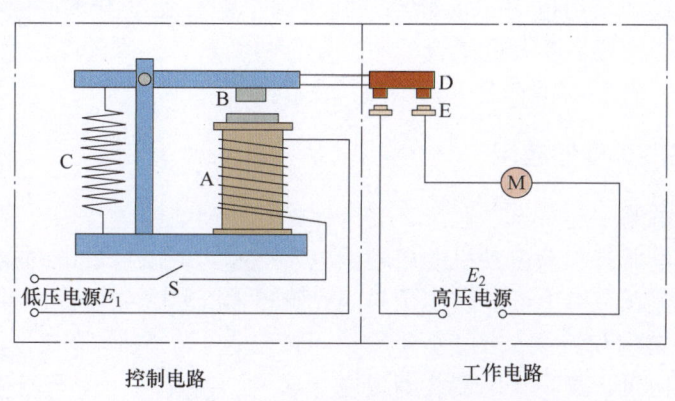

图 5-3-2　电磁继电器的结构

2）工作电路可分为低压控制电路和高压工作电路两部分，低压控制电路包括电磁继电器线圈（电磁铁 A）、低压电源 E_1、开关 S；高压工作电路包括高压电源 E_2，电动机 M，电磁继电器的触点 D、E 部分。

3）工作原理：闭合低压控制电路中的开关 S，电流通过电磁铁 A 的线圈产生磁场，从而对衔铁 B 产生引力，使动、静触点 D 与 E 接触，工作电路闭合，电动机工作；当断开低压开关 S 时，线圈中的电流消失，衔铁 B 在弹簧 C 的作用下，使动、静触点 D、E 脱开，工作电路断开，电动机停止工作。

只要在线圈两端加上一定的电压，线圈中就会流过一定的电流，从而产生电磁效应，衔铁就会在电磁力吸引的作用下克服返回弹簧的拉力吸向铁心，从而带动衔铁的动触点与静触点（常开触点）吸合。当线圈断电后，电磁的吸力也随之消失，衔铁就会在弹簧的作用力下返回原来的位置，使动触点与原来的静触点（常闭触点）释放。这样吸合、释放，从而达到了在电路中的导通、切断的目的。对于继电器的"常开、常闭"触点，可以这样来区分：继电器线圈未通电时处于断开状态的静触点，称为"常开触点"；线圈未通电时处于接通状态的静触点，称为"常闭触点"。

三、常见触点类型

继电器常见的触点有三种形式，如图5-3-3所示。

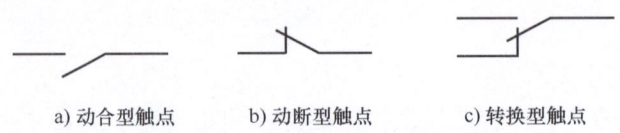

a) 动合型触点　　b) 动断型触点　　c) 转换型触点

图 5-3-3　常见继电器触点形式

1）动合型（H型）线圈不通电时两个触点是断开的，通电后，两个触点就闭合。用合字的拼音字头"H"表示。

2）动断型（D型）线圈不通电时两个触点是闭合的，通电后两个触点就断开。用断字的拼音字头"D"表示。

3）转换型（Z型）也叫作触点组型。这种触点组共有三个触点，即中间是动触点，上下各一个静触点。线圈不通电时，动触点和其中一个静触点断开和另一个闭合，线圈通电后，动触点就移动，使原来断开的闭合，原来闭合的断开，达到转换的目的。这样的触点组称为转换触点，用"转"字的拼音字头"Z"表示。

四、继电器在汽车中的应用

继电器在汽车电路中起着自动调节、安全保护和转换电路等作用。在汽车上的应用非常多，比较常见的继电器有起动电动机的启动继电器、喇叭继电器、电动机或发电机断路继电器、充电电压和电流调节继电器、转变信号闪光继电器、灯光亮度控制继电器等。

喇叭继电器的结构和接线如图5-3-4所示。按下转向盘上喇叭按钮时，喇叭继电器线圈通电，使继电器铁心产生电磁吸力，将继电器触点闭合，接通了双音电喇叭，喇叭发音。松开转向盘喇叭按钮时，继电器线圈断电，铁心电磁吸力消失，触点在自身弹力的作用下张开，切断了电喇叭电路，电喇叭停止发音。喇叭继电器的作用就是利用铁心线圈的小电流控制触点的大电流，从而保护转向盘按钮触点。

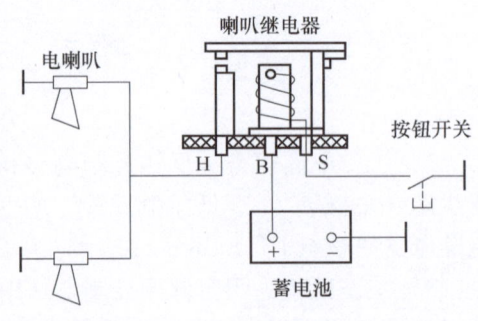

图 5-3-4　喇叭继电器的结构和接线

一、准备工作

按表 5-3-1 准备工具、设备、元器件及导线，检查设备外观是否完好。

表 5-3-1 继电器控制灯泡电路清单表

序号	名称	型号与规格	单位	数量
1	蓄电池	DC 12V	块	2
2	开关		只	1
3	灯	12V/10W	只	1
4	继电器		只	1
5	导线	BVR1.0mm²	根	若干

二、连接电路

依照图 5-3-2 连接电路，要求能实现：开关闭合，灯亮；开关断开，灯灭，并将操作结果填入表 5-3-2。

表 5-3-2 继电器控制灯泡电路操作结果表

步骤	操作方法	操作现象	现象说明
1	闭合开关		
2	断开开关		
3			

三、清理现场

实操结束，断开电源，拆除导线，按 6S 要求，清理现场，收拾工具、设备，整理操作台，清扫场地，完成任务评价表。

继电器控制灯泡电路任务评分标准见表 5-3-3。

表 5-3-3 继电器控制灯泡电路任务评分标准

任务名称		组别			学生姓名		工位号		
							用时长		
序号	评价项目	评价要点		配分	学生自评	小组互评	教师评价		小计
1	知识理解	能阐述继电器的工作原理		25					
2	实验操作	能整理出所需的实训元器件		10					
		按图正确连接实现功能		25					
		任务表单填写完整		10					

（续）

序号	评价项目	评价要点	配分	学生自评	小组互评	教师评价	小计
3	团队协作	参与组内学习，分享学习成果	10				
4	安全文明	遵守安全文明操作规程，无事故发生	10				
5	清扫清洁	按 6S 要求清理现场，摆放器件	10				
总分			100				
教师签名				总计			

 知识点归纳

1. 电磁继电器是利用输入信号（电压、电流）在电磁铁铁心中产生电磁力，吸引衔铁，从而使触点动作实现断开、闭合或转换控制的一种机电元件。
2. 电磁继电器的主要部件有电磁铁、衔铁、弹簧、动触点、静触点。
3. 继电器常见的三种触点形式有动合型、动断型和转换型。

 思考练习

一、选择题

1. 电磁继电器是用（　　）电流控制（　　）电流工作的一种"自动开关"。
   A. 小，小　　　　　B. 小，大　　　　　C. 大，小　　　　　D. 大，大
2. 电磁继电器是利用电流在电磁铁铁心中产生（　　），从而吸引衔铁工作的。
   A. 化学力　　　　　B. 磁力　　　　　　C. 电力　　　　　　D. 电磁力
3. 电磁继电器是利用电磁铁控制工作电路（　　）的开关。
   A. 导通　　　　　　B. 切断　　　　　　C. 通断　　　　　　D. 短路
4. 电磁继电器的主要部件有电磁铁、衔铁、弹簧、（　　）、静触点。
   A. 动触点　　　　　B. 活触点　　　　　C. 定触点　　　　　D. 死触点
5. 电磁继电器工作电路可分为低压（　　）电路和高压工作电路两部分。
   A. 工作　　　　　　B. 控制　　　　　　C. 供能　　　　　　D. 输入
6. 当线圈断电后，电磁的吸力也随之消失，衔铁就会在（　　）的作用力下回到原位。
   A. 铁心　　　　　　B. 衔铁　　　　　　C. 弹簧　　　　　　D. 静触点
7. 继电器线圈未通电时处于（　　）状态的静触点，称为"常开触点"。
   A. 闭合　　　　　　B. 断开　　　　　　C. 短路　　　　　　D. 导通
8. 动合型（H型）线圈不通电时两个触点是（　　）的，通电后，两个触点就（　　）。
   A. 断开，闭合　　　B. 闭合，断开　　　C. 闭合，闭合　　　D. 断开，断开
9. 转换型（Z型）继电器有（　　）个触点。
   A. 一　　　　　　　B. 两　　　　　　　C. 三　　　　　　　D. 四

10. 继电器在汽车电路中起着自动调节、（　　）、转换电路等作用。
A. 安全保护　　　　B. 整流　　　　　C. 供能　　　　　　D. 稳压

二、判断题

1. 继电器是用大电流控制小电流工作的一种"自动开关"。（　　）
2. 信号灯闪光继电器是汽车应用的一种继电器。（　　）
3. 线圈未通电时处于接通状态的静触点称为"常开触点"。（　　）
4. 转换型（Z型）也叫作触点组型，中间触点是动触点。（　　）
5. 动断型（D型）线圈不通电时两个触点是闭合的，通电后两个触点就断开。（　　）

项目六

直流电动机的认识

【项目概述】

通过观察铁棒在磁场中的受力情况、电流的磁效应实验以及搭建继电器简单电路，引入对磁现象以及电动机的探究和学习。

任务导入

在日常生活中，有很多神奇的电器设备给我们带来了极大便利，比如电动风扇，只要一按下开关，扇叶就能快速转动起来；还有电动玩具车，接通电源后就能在地面上跑来跑去。同学们，现在给大家布置一个任务，我们尝试着来探究一下这些电器里能让部件转动或者运动起来的"秘密"。大家先分组进行讨论，然后利用我们之前学过的电路知识以及对磁现象的了解，动手设计一个简单的小装置，要求装置里有一段导线，在接通电源后，导线能在某个空间里出现明显的运动变化。在完成这个任务的过程中，请仔细观察出现的各种现象，并思考：是什么让导线动了起来呢？

知识目标	技能目标	素养目标
1. 能叙述安培右手定则 2. 能用安培右手定则分析磁场对电流的作用	1. 会按电路图连接电路 2. 能运行电路并记录磁场对铁棒的作用	1. 规范操作，培养良好的工作习惯 2. 勤动手勤动脑，提升分析问题和解决问题的能力

一、磁现象及相关概念

磁现象是指物体在磁场中受到磁力作用而发生运动的现象。

1. 磁性

在物理学中，把物体能够吸引铁、钴、镍等物质的性质叫作磁性。

2. 磁体

具有磁性的物体叫作磁体，有天然磁体和人造磁体两种，能长期保持磁性的叫作永久磁体，人造磁体通常是用钢或合金经过加工处理制成的，根据需要常制成各种形状，如条形磁体、蹄形磁体、磁针等。

3. 磁极

磁体上磁性最强的部位叫作磁极。磁体具有两个磁极，即南极（S 极）和北极（N 极）。一根条形磁体断为两截后，每一段都有 N、S 两级。磁体能够吸引钢铁一类的物质，它的两端吸引钢铁的能力最强，这两个部位叫作磁极，如图 6-1-1 所示。

4. 磁极间相互作用规律

同名磁极相互排斥，异名磁极相互吸引。

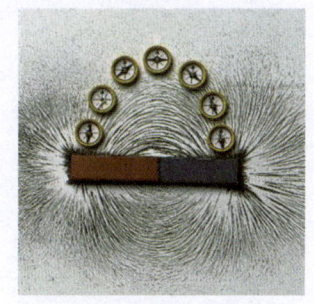

图 6-1-1 磁铁的两极

5. 磁化

使原来没有磁性的物体获得磁性的过程叫磁化。

二、电流的磁效应

1）任何通有电流的导线，都可以在其周围产生磁场的现象，称为电流的磁效应。

2）在通电流的长直导线周围，会有磁场产生，其磁感线的形状为以导线为圆心一封闭的同心圆，且磁场的方向与电流的方向互相垂直。

3）通电直导线中的安培右手定则（安培定则一）：用右手握住通电直导线，让大拇指指向电流的方向，那么四指的指向就是磁感线的环绕方向，如图 6-1-2 所示。

4）通电线圈中的安培定则（安培定则二）：用右手握住通电线圈，使四指弯曲方向与电流方向一致，那么大拇指所指的那一端是通电线圈所产生磁场的 N 极，如图 6-1-3 所示。

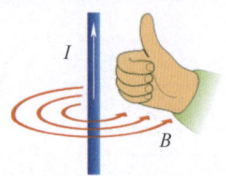

图 6-1-2　安培右手定则

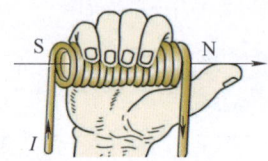

图 6-1-3　通电线圈中的安培定则

三、继电器

1. 定义

电磁继电器是利用低电压、小电流电路的通断，来间接地控制高电压、大电流电路通断的装置。

2. 结构

电磁继电器主要部分为电磁铁、衔铁、触点和弹簧。

3. 实质

电磁继电器实质是由电磁铁控制工作电路通断的开关。

4. 工作原理

电磁铁的线圈通电时，产生电磁力，把衔铁吸下来，将工作电路的触点接通，工作电路闭合；电磁铁的线圈断电时失去磁性，弹簧把衔铁拉起来，切断工作电路。动合继电器电路图如图 6-1-4 所示。

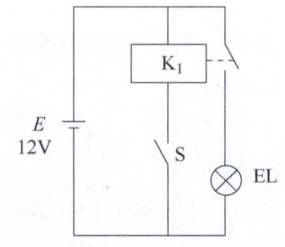

图 6-1-4　动合继电器电路图

一、准备工作

准备 12V 直流电源、开关、灯、常开继电器、常闭继电器、导线、条形磁铁和铁棒等设备，见表 6-1-1。

表 6-1-1　设备数量

设备	数量
12V 直流电源	1
开关	2
灯 L_2（12V/2W）	1
常开继电器	1
常闭继电器	1
导线	若干
条形磁铁	1
铁棒	1
器件 A	1

二、操作步骤

1）取一根细铁棒和一个条形磁铁，将细铁棒分别靠近磁铁的两端（磁极）及中间位置时，感觉是否有吸引力，如图 6-1-5 所示。

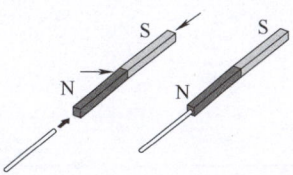

图 6-1-5　细铁棒和条形磁铁

2）将铁棒在磁场中受到的力的结果填写在表 6-1-2 中。

表 6-1-2　铁棒在磁场中受到的力结果

铁棒靠近磁铁的位置	是否有吸引力
N 极	
S 极	
中间位置	

3）磁场和磁感应线如图 6-1-6 所示。

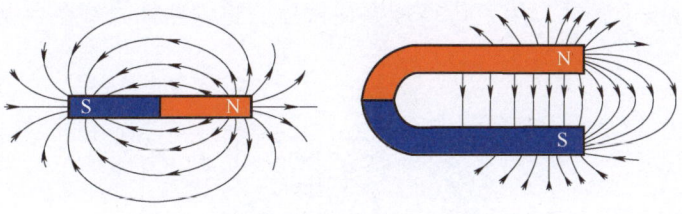

图 6-1-6　磁场和磁感应线

4）用导线将器件 A 与电源连接，如图 6-1-7 所示。

5）如图 6-1-8 所示，用手指夹住条形磁铁，将条形磁铁的 N 极插入线圈并将电源开关合至左边。

6）请按下表继续操作，并将观察结果填写表 6-1-3 中。

 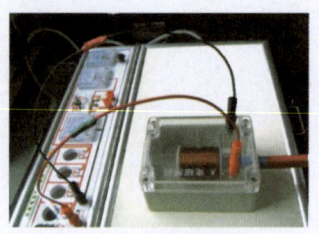

a) 器件A　　　　　　　　b) 器件A与电源连接

图 6-1-7　用导线连接器件 A 与电源

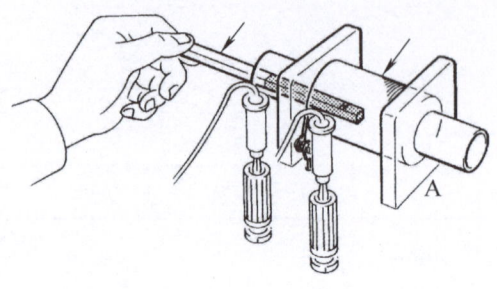

图 6-1-8　条形磁铁的 N 极插入线圈

表 6-1-3　磁铁受力情况一

操作步骤		磁铁是否受力	受力方向（吸引力或排斥力）
条形磁铁的 N 极插入线圈	电源开关合至左边		
	向左拔出条形磁铁		
	断开电源开关		
	电源开关合至右边		
条形磁铁的 S 极插入线圈	电源开关合至右边		
	向左拔出条形磁铁		
	断开电源开关		
	电源开关合至左边		

7）用铁棒代替条形磁铁，用手指轻轻夹住铁棒，将铁棒插入线圈左侧末端，如图 6-1-9 所示。

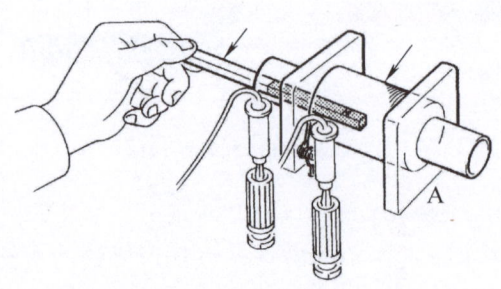

图 6-1-9　铁棒插入线圈左侧末端

然后将开关合至左边，将观察结果填写到表 6-1-4 中。

表 6-1-4　磁铁受力情况二

操作步骤		磁铁是否受力	受力方向（吸引力或排斥力）
铁棒插入线圈左侧末端	电源开关合至左边		
	向左拔出铁棒		
	断开电源开关		
	电源开关合至右边		

8）将铁棒插入线圈末端，开始通电时，铁棒被吸引到线圈的中心。图 6-1-10 所示为通电线圈对铁棒的作用。

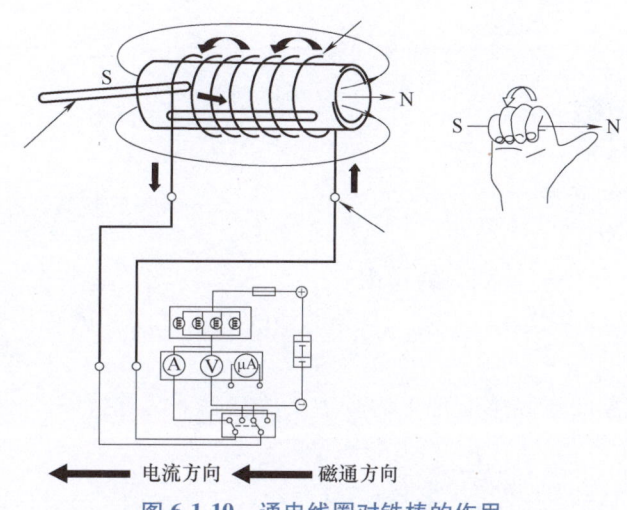

图 6-1-10　通电线圈对铁棒的作用

9）如图 6-1-4 所示连接电路，然后合上开关，观察结果。

磁现象探究任务评分标准见表 6-1-5。

表 6-1-5　磁现象探究任务评分标准

任务名称					工位号		
		组别		学生姓名	用时长		
序号	评价项目	评价要点	配分	学生自评	小组互评	教师评价	小计
1	知识理解	能叙述安培右手定则	20				
		能用安培右手定则分析磁场对电流的作用	20				
2	电路连接	能整理出所需要的实训元器件	10				
		按图正确连接以实现功能	10				
		任务表单填写完整	10				

(续)

序号	评价项目	评价要点	配分	学生自评	小组互评	教师评价	小计
3	团队协作	参与组内学习，分享学习成果	10				
4	安全文明	遵守安全文明操作规程，无事故发生	10				
5	清扫清洁	按6S要求清理现场，摆放器件	10				
	总分				100		
	教师签名				总计		

知识点归纳

1. 电磁相互作用的原理

（1）磁对电流的作用

1）通电导体在磁场中会受到力的作用。

2）通电导体在磁场中受力的方向，与导体中的电流方向和磁感线方向有关，这是电动机的基础。

（2）电磁感应现象　电磁感应现象的产生条件有以下两点（缺一不可）：

1）闭合电路。

2）穿过闭合电路的磁通量发生变化。

2. 电磁继电器的作用

电磁继电器是一种电子控制器件，它具有控制系统和被控制系统，通常应用于自动控制电路中，在电路中起着自动调节、安全保护和转换电路等作用。

电磁继电器是电铃、电话和自动控制电路装置中的重要部件，其实质是由电磁铁控制的开关，在电路中起着类似于开关的作用：

1）用低电压、小电流控制高电压、大电流。

2）实现远距离操纵和自动控制。

一、选择题

1. 磁场具有（　　）。

　　A. 力和能量　　　　　　　　　　B. 看不见摸不着，性质很难定

　　C. 力没有能量　　　　　　　　　D. 吸引铁磁的能力

2. 电流的周围空间存在（　　）。

　　A. 电场　　　　　B. 磁场　　　　　C. 什么都没有　　　　D. 气场

3. 关于磁体、磁场和磁感线，以下说法中正确的是（　　）。

　　A. 铁和铝都能够被磁体所吸引

B. 磁感线是磁场中真实存在的曲线
C. 磁体之间的相互作用是通过磁场发生的
D. 小磁针在地面附近静止时，北极指向地理的南极

4. 把一条形磁铁从中间断开，得到的是（　　）。
A. 一段只有N极，另一段只有S极的磁铁　　B. 两段均无磁性的铁块
C. 两段各有N极和S极的磁铁　　　　　　　D. 两段磁极无法确定的磁铁

5. 以下描述两个磁极间的磁感线分布图中，正确的是（　　）。

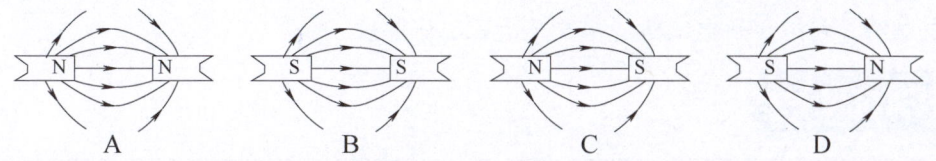

6. 如下图所示，通电螺线管与条形磁铁相互吸引的是（　　）。

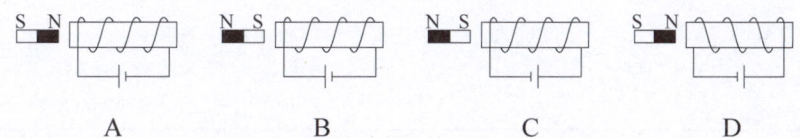

7. 下列电器的工作原理应用电磁感应现象的是（　　）。
A. 电动机　　　　　　B. 电磁继电器　　　　C. 扬声器　　　　D. 动圈式话筒

二、判断题
1. 磁体有两个磁极，一个S极，另一个N极。（　　）
2. 电磁继电器主要部分为电磁铁、衔铁、触点和弹簧。（　　）
3. 同名磁极相互吸引，异名磁极相互排斥。（　　）
4. 磁体上磁性最强的部位叫作磁极。（　　）
5. 在通电流的长直导线周围，会有磁场产生。（　　）
6. 磁化可以使原来没有磁性的物体获得磁性。（　　）
7. 电磁继电器实质是由电磁铁控制工作电路通断的开关。（　　）
8. 电磁继电器是利用低电压、小电流电路的通断，来间接地控制高电压、大电流电路通断的装置。（　　）

三、填空题
1. 人们把物体能够吸引铁、钴、镍等物质的性质叫作_____，磁体上磁性最强的部分叫作_____。
2. 当两个磁体的S极相互靠近时，它们将互相_____，当一个磁体的N极靠近另一磁体的S极时，它们将互相_____。
3. 1820年，丹麦科学家把连接电池组的导线放在和磁针平行的位置上，当导线通电时，磁针立即偏转一角度，这个实验表明通电导体周围存在着_____。
4. 磁感线可以形象而又方便地表示磁体周围各点的_____方向，磁铁周围的磁感线都是从磁铁_____极出来的，回到磁铁的_____极。
5. 地球本身是一个巨大的磁体，地磁的南极在地理_____极附近。

任务二 认识起动机

 **任务导入**

同学们,思考一下,生活中电风扇和打蛋器是如何转动的?旋转电动机是将电能转化为机械能并输出机械转矩的动力装置。在汽车中,一些机械部件是由直流电动机驱动的。通过本任务的学习,可以了解电动机的基本结构和工作原理。

 **任务目标**

知识目标	技能目标	素养目标
1. 能叙述左手定则 2. 能分析直流电动机的工作原理	能用左手定则分析磁场对电流的作用	1. 规范操作,培养学生良好的工作习惯 2. 勤动手勤动脑,培养学生分析问题、解决问题的能力

 **知识链接**

一、法拉第电磁感应定律

法拉第(Michael Faraday,1791—1867)发现电磁感应现象,法拉第电磁感应现象实验如图 6-2-1 所示。

电磁感应(Electromagnetic Induction)又称为磁电感应现象,是指闭合电路的一部分导体在磁场中做切割磁感线运动,导体中就会产生电流的现象,这种电流叫作感应电流。

电路中感应电动势的大小,与穿过这一电路磁通量的变化率成正比,这就是法拉第电磁感应定律,公式为

$$E = n\frac{\Delta \Phi}{\Delta t}(n \text{ 为线圈匝数})$$

这是法拉第电磁感应定律最普遍的表达式,表明了感应电动势的大小取决于磁通量变化的快慢和线圈匝数。

二、左手定则

(1)判断安培力 如图 6-2-2 所示,伸开左手,使拇指与其他四指垂直且在一个平面内,让磁感线从手心流入,四指指向电流方向,大拇指指向的就是安培力方向(即导体受力方向)。

(2)判断洛伦兹力 将左手掌摊平,让磁感线穿过手掌心,四指表示正电荷运动方向,则和四指垂直的大拇指所指方向即为洛伦兹力的方向。

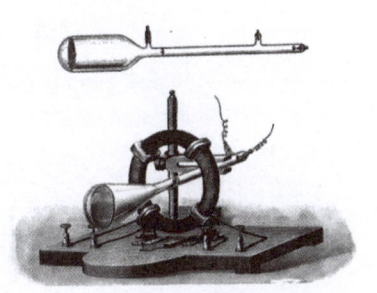
图 6-2-1 法拉第电磁感应现象实验

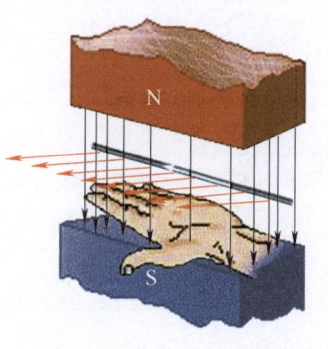
图 6-2-2 左手定则

三、直流电动机的工作原理

直流电动机的工作原理图如图 6-2-3 所示,就是把电枢线圈中感应产生的交变电动势,靠换向器配合电刷的换向作用,使之从电刷端引出时变为直流电动势。因为上侧电刷通过换向器片所引出的电动势始终是切割 N 极磁感线的线圈边中的电动势(法拉第电磁感应定律);所以上侧电刷始终有正极性,同理,下侧电刷始终有负极性。综上所述,电刷端能引出方向不变但大小变化的脉动电动势。

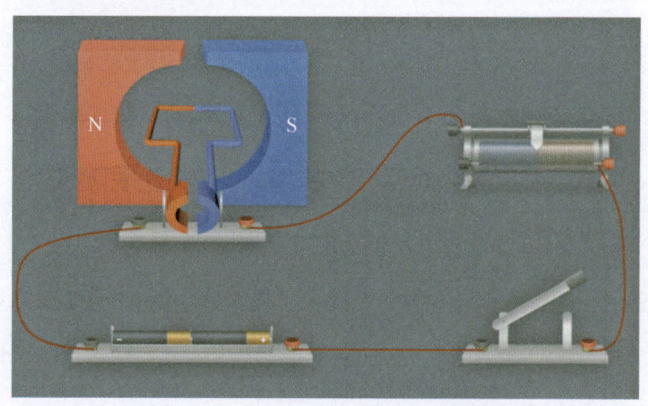
图 6-2-3 直流电动机的工作原理图

任务目标:探究磁场对电流的作用与直流电动机的工作原理。首先通过改变电源开关状态来观察铜管滚动方向;然后通过改变电源开关状态来观察线圈是否旋转,进而分析直流电动机的工作原理。

1. 准备工作

本任务需要准备的实训设备及数量见表 6-2-1。

表 6-2-1　实训设备及数量

设备	数量
器件 D（左手定则实验模型）	1
器件 F（直流电动机模型）	1
汽车起动机用直流电动机	1
三相异步电动机	1
导线	若干

2. 探究：磁场对电流的作用

1）用导线将器件 D 与电源连接，如图 6-2-4a、b 所示。

a）器件D　　　　　　b）器件D与电源连接

图 6-2-4　用导线连接器件 D 与电源

2）如图 6-2-5 所示，把铜管置于器件 D 上的铜条中心处。

3）电源开关合至左边。此时电流从电池流出，依次流经红色端子、铜条 2、铜管、铜条 1 和黑色端子。磁感线的方向由下面的磁铁指向上面的磁铁，如图 6-2-6 所示。

4）逆时针旋转铜条，观察铜管滚动方向，并将观察结果记录到表 6-2-2 中。

5）电源开关合至右边。此时电源电流方向改变，电流从电池流出，依次流经黑色端子、铜条 1、铜管、铜条 2 和红色端子。磁感线的方向由下面的磁铁指向上面的磁铁，如图 6-2-7 所示。

6）顺时针旋转铜条，观察铜管滚动方向，并将观察结果记录到表 6-2-2 中。

7）小组讨论：如何用左手定则解释上述实验现象？

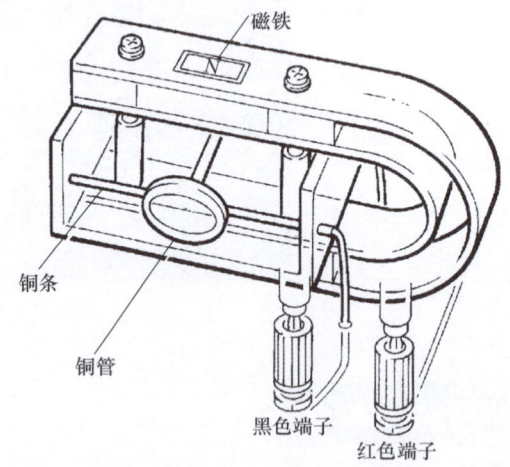

图 6-2-5　铜管置于铜条中心

3. 直流电动机的工作原理

1）用导线将器件 F 与电源连接，如图 6-2-8 所示。

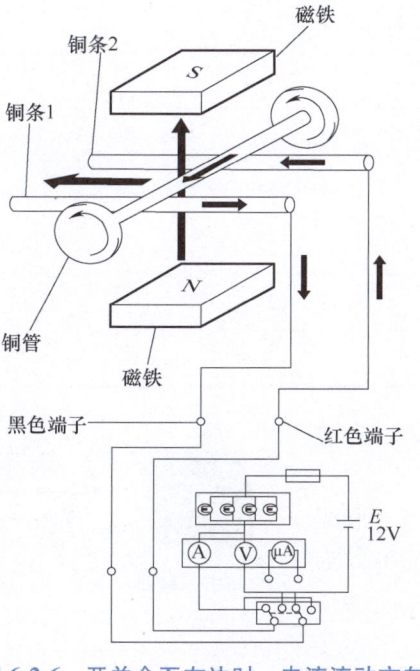
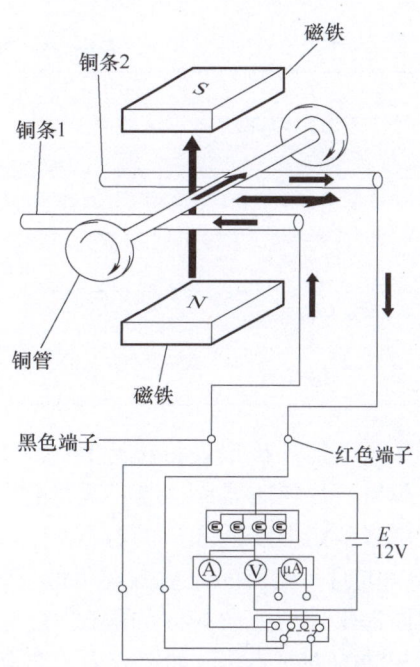

图 6-2-6　开关合至左边时，电流流动方向　　　　图 6-2-7　开关合至右边时，电流流动方向

表 6-2-2　铜管滚动方向

电源开关状态	铜管滚动方向
开关合至左边	
开关合至右边	

a) 器件F(直流电动机模型)　　　　b) 器件F与电源连接

图 6-2-8　用导线连接器件 F 与电源

2) 电源开关合至左边，观察线圈旋转方向；开关断开时，观察线圈是否旋转。并将观察结果记录到表 6-2-3 中。

3) 电源开关合至右边，观察线圈旋转方向；开关断开时，观察线圈是否旋转。并将观察结果记录到表 6-2-3 中。

4) 分析直流电动机的工作原理：将一段铜导体制成方形线圈的形状，放置在磁铁的南北极之间，方形线圈的两端均装上一片换向器片，如图 6-2-9 所示。

表 6-2-3　直流电动机模型旋转情况

电源开关状态	器件 F	
	是否旋转	旋转方向
开关合至左边		
开关断开		
开关合至右边		
开关断开		

电流从电池正极出发，流经其中一片换向器片，到线圈，再到另一片换向器片，然后返回电池负极。

仔细观察矩形线圈和换向器的转动。发现每当矩形线圈旋转 180°时，电流的流动方向也改变。这样，就可以为矩形线圈提供作用方向相同的电磁力，使矩形线圈能够继续沿着相同的方向旋转，如图 6-2-10 所示。

5）小组讨论：在电源连续供电时，器件 F 为什么会一直顺时针方向或逆时针方向转动？

6）说出起动机用直流电动机各零件名称及其作用：起动机用直流电动机如图 6-2-11 所示。

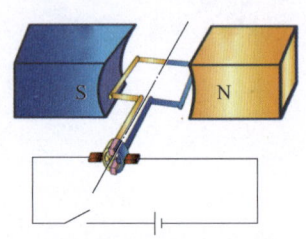

图 6-2-9　直流电动机的工作原理图

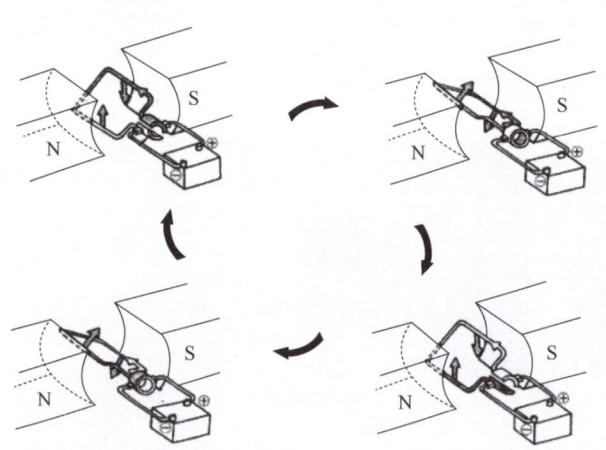

图 6-2-10　矩形线圈和换向器的转动方向

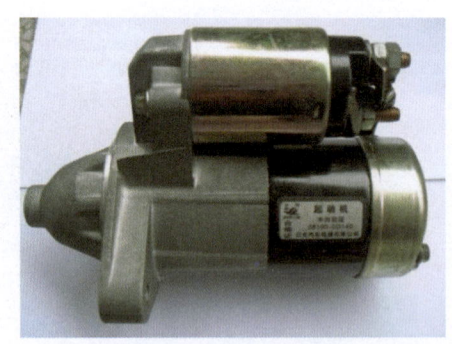

图 6-2-11　起动机用直流电动机

电动机的认识任务评分标准见表 6-2-4。

表 6-2-4　电动机的认识任务评分标准

任务名称		组别		学生姓名		工位号	
						用时长	
序号	评价项目	评价要点	配分	学生自评	小组互评	教师评价	小计
1	知识理解	能叙述左手定则	20				
		能分析直流电动机的工作原理	20				
2	电路连接	能用左手定则分析磁场对电流的作用	20				
		任务表单填写完整	10				
3	团队协作	参与组内学习，分享学习成果	10				
4	安全文明	遵守安全文明操作规程，无事故发生	10				
5	清扫清洁	按 6S 要求清理现场，摆放器件	10				
总分			100				
教师签名				总计			

1. 电磁感应定律

电路中感应电动势的大小，与穿过这一电路磁通量的变化率成正比，公式为

$$E = n\frac{\Delta\phi}{\Delta t}（n 为线圈匝数）$$

2. 直流电动机的应用

直流电动机由于起动、制动特性好，调速范围广，调速平滑，而被广泛用于机械制造、矿山、冶金、纺织印染、造纸、印刷、化工和交通运输等部门。

一、判断题

1. 通电导体置于磁场中不一定受到力的作用。　　　　　　　　　　　　　（　　）
2. 左手定则是判定通电导体在磁场中受力的方向。　　　　　　　　　　　（　　）
3. 两根平行的直导线，当通以相同方向的电流时，它们相互排斥，当通以相反方向的电流时，它们相互吸引。　　　　　　　　　　　　　　　　　　　　（　　）
4. 直流电动机的定子作用是产生磁场和作为电机的机械支撑。　　　　　　（　　）
5. 直流电动机定子中的磁极由铁心和励磁绕组构成。　　　　　　　　　　（　　）
6. 直流电动机电枢（又称为转子）的功用是产生主磁场。　　　　　　　　（　　）
7. 直流电动机的换向器作用是将电源连接到励磁线圈及电枢线圈，并保证电枢产生的

电磁力矩方向不变，使电枢轴能够输出固定方向的转矩。　　　　　　　　　（　　）

8. 直流电动机机座的作用是作为电机的机械支撑，同时也构成电机磁路的一部分。
　　　　　　　　　　　　　　　　　　　　　　　　　　　　　　　　　（　　）

9. 直流电动机电枢绕组的作用是产生感应电动势和感应电流，电枢线圈通电后能产生电枢磁场。　　　　　　　　　　　　　　　　　　　　　　　　　　　　　　（　　）

10. 直流电动机电枢铁心的作用是提供磁路和嵌放电枢绕组。　　　　　　　（　　）

11. 电动机按使用电源种类分为直流电动机和交流电动机两类。　　　　　　（　　）

12. 在电动机中，当矩形线圈旋转180°时，电流的流动方向也改变。　　　　（　　）

二、填空题

1. 直流电动机主要由＿＿＿＿＿和＿＿＿＿＿两大部分组成。

2. 直流电动机的电枢由＿＿＿＿＿、＿＿＿＿＿、＿＿＿＿＿和＿＿＿＿＿组成。

3. 直流电动机的定子由＿＿＿＿＿、＿＿＿＿＿和＿＿＿＿＿组成。

4. 直流电动机电枢（又称为转子）的作用是＿＿＿＿＿。

5. 直流电动机的定子作用是＿＿＿＿＿。

6. 直流电动机换向器的作用是＿＿＿＿＿。

7. 汽车起动系统的作用是通过起动机将蓄电池的电能转换成＿＿＿＿＿能，再带动发动机运转。

8. 直流电动机电刷及电刷架的作用是将＿＿＿＿＿引入电枢的换向器。

9. 控制装置的作用是控制单向离合器的驱动齿轮和＿＿＿＿＿的啮合与分离，并且控制直流电动机电路的＿＿＿＿＿与切断。

任务三　认识三相异步电动机

人们的日常生活中常见的空调、冰箱、洗衣机、吸尘器、电风扇等，大多数都要用到三相异步电动机。通过本任务的学习，可以了解三相异步电动机的基本结构和工作原理。

知识目标	技能目标	素养目标
1. 能叙述三相异步电动机的结构 2. 会叙述三相异步电动机的工作原理	1. 能运用网络资源收集相关资料 2. 能整理出三相异步电动机的应用场景	1. 规范操作，培养学生良好的工作习惯 2. 勤动手勤动脑，培养学生分析问题、解决问题的能力

电动机是利用电磁感应原理把电能转换为机械能的电气设备。根据所用电流的不同，电动机

可分为交流电动机和直流电动机两大类,交流电动机按所使用的电源相数不同,又可分为单相电动机和三相电动机两种。其中,三相电动机又分为三相同步电动机和三相异步电动机两种。

三相异步电动机(Triple-phase Asynchronous Motor)是靠同时接入380V三相交流电源(相位差120°)供电的一类电动机,由于三相异步电动机的转子与定子旋转磁场以相同的方向、不同的转速旋转,存在转差率,所以叫作三相异步电动机。

一、工作原理

电动机的形式有很多,但其工作原理都基于电磁感应定律和电磁力定律。因此,其构造的一般原则是:用适当的导磁和导电材料构成互相进行电磁感应的磁路和电路,以产生电磁功率,达到能量转换的目的。

三相异步电动机是感应电机,定子通入电流以后,部分磁通穿过短路环,并在其中产生感应电流。通电启动后,转子绕组因与定子旋转磁场间存在着相对运动而产生感应电动势和感应电流,即旋转磁场与转子存在相对转速,并与定子旋转磁场相互作用产生电磁转矩,使转子转起来,实现能量变换。

二、三相异步电动机的基本结构

三相异步电动机主要由静止的定子和转动的转子两大部分组成,定子与转子留有0.2~2mm的空隙,三相异步电动机的结构如图6-3-1所示。

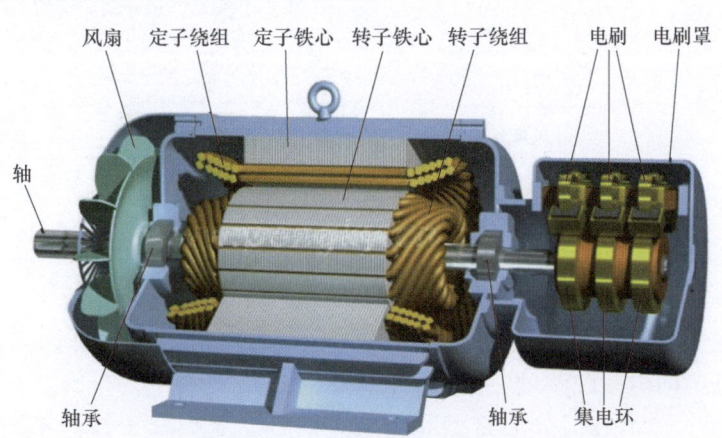

图6-3-1 三相异步电动机的结构

1. 定子

定子由机座、定子铁心和定子绕组三部分组成,如图6-3-2所示。

(1)机座 机座是电动机的外壳和支架,它的作用主要是固定与保护定子铁心、定子绕组并支撑端盖,所以要求机座具有足够的机械强度和刚度,能承受运输和运行过程中的各种作用力。中小型异步电动机通常采用铸铁机座,大型异步电动机一般采用钢板焊接机座。

(2)定子铁心 定子铁心是三相异步电动机主磁通磁路的一部分,装在机座里。为了嵌放定子绕组,硅钢片的内圆表面冲有均匀分布的槽。

(3)定子绕组 定子绕组是异步电动机定子的电路部分,作用是通入三相交流电以后产生旋转磁场。用高强度漆包线绕制成固定形式的线圈,嵌入定子槽内。定子绕组由线圈按

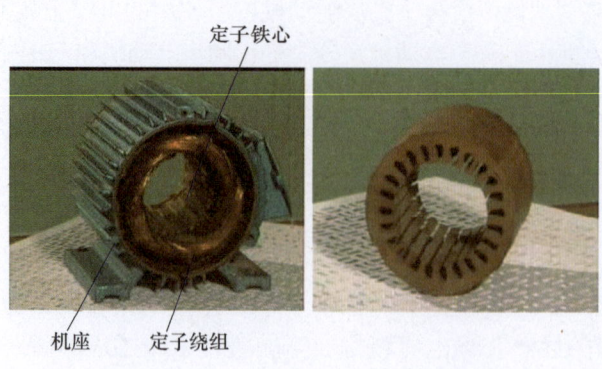

图 6-3-2 三相异步电动机定子的结构

一定规律连接而成,三相异步电动机有三个独立绕组,电流通过三个绕组时产生旋转磁场,带动转子旋转,把电能转化为机械能。三相异步电动机的定子绕组通常有六根出线头,根据电动机的容量和需要可接成星形(Y)或三角形(△)。高压大、中型容量的异步电动机三相定子绕组通常采用星形联结,只有三根引出线。对中、小容量的低压异步电动机,通常把定子三相绕组的六根出线头都引出来,根据需要可接成星形或三角形,如图 6-3-3 所示。

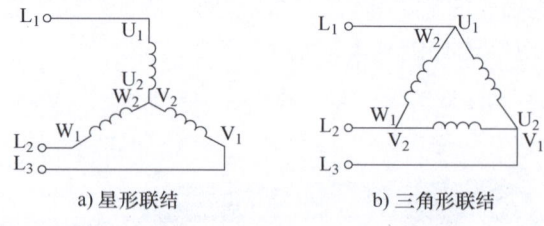

a) 星形联结　　　　b) 三角形联结

图 6-3-3 三相绕组的两种连接方法

2. 转子

转子是电动机的旋转部分,由转子铁心、转子绕组和转轴组成。

(1) 转子铁心　转子铁心由厚度为 0.35~0.5mm 冲槽的硅钢片叠压而成,固定在转子支架和转轴上,是电动机主磁路的一部分。

(2) 转子绕组　转子绕组分为笼型和绕线型两种。笼型转子铁心槽内嵌有铸铝导条,绕线型转子铁心槽内嵌有三相绕组。定子绕组通电流产生的旋转磁场,由于电磁感应作用,带动转子转动,从而把电能转化为机械能。

(3) 转轴　转轴一般用中碳钢制成,两端用轴承支撑。其作用是支撑转子,使转子能在定子空腔内均匀地旋转,向外输送机械转矩。

3. 气隙

异步电动机定、转子之间的空气间隙简称为气隙,它比同容量直流电动机的气隙要小得多。在中、小型异步电动机中,气隙一般为 0.2~1.5mm。

三相异步电动机是一种常用的电动机,主要应用场景包括工业生产、交通运输、农业生

产、家庭生活。

请同学们分组收集资料，填写表 6-3-1，整理出三相异步电动机的具体应用有哪些？

表 6-3-1　三相异步电动机的应用

组别	应用场景	用途	查询渠道	实物图片	完成组员
1	工业生产	压缩机、风机、泵等			
		输送机、切割机、研磨机等			
2	电交通运输	电动火车			
		电动船			
3	农业生产	灌溉设备			
		收割机、打谷机			
4	家庭生活	空调、冰箱、洗衣机			
		吸尘器、电风扇			
各组总结					
组长签字					

三相异步电动机的认识任务评分标准见表 6-3-2。

表 6-3-2　三相异步电动机的认识任务评分标准

任务名称		组别		学生姓名		工位号	
						用时长	
序号	评价项目	评价要点	配分	学生自评	小组互评	教师评价	小计
1	知识理解	能叙述三相异步电动机的结构	20				
		能叙述三相异步电动机的工作原理	20				
2	资料收集	能运用网络资源收集相关资料	10				
		能整理出三相异步电动机的应用场景	10				
		任务表单填写完整	10				
3	团队协作	参与组内学习，分享学习成果	15				
4	安全文明	遵守安全文明操作规程，无事故发生	15				
总分			100				
教师签名					总计		

1. 三相异步电动机的结构
三相异步电动机主要由定子和转子两部分组成，定子是静止部分，转子是旋转部分。在定子和转子之间有一定的气隙。定子绕组是对称的三相绕组，产生旋转磁场。

2. 三相异步电动机的工作原理
三相异步电动机的工作原理基于电磁感应定律和电磁力定律。

一、填空题
1. 电动机分为直流电动机和_____。
2. 交流电动机分为同步电动机和_____。
3. 异步电动机分为_____和单相异步电动机。
4. 电动机主要部件是由_____和_____两大部分组成的。此外，还有端盖、轴承、风扇等部件。
5. 根据转子绕组结构的不同分为_____铁心槽内嵌有铸铝导条，_____转子铁心槽内嵌有三相绕组。
6. 三相异步电动机直接启动时，启动电流值可达到额定电流值的_____倍。

二、判断题
1. 三相异步电动机是一种常用的电动机，广泛应用于各种工业和民用领域。（   ）
2. 三相电动机又分为三相同步电动机和三相异步电动机两种。（   ）
3. 三相异步电动机中，定子绕组是异步电动机定子的电路部分，作用是通入三相交流电以后产生旋转磁场。（   ）
4. 三相异步电动机中，定子铁心是三相异步电动机主磁通磁路的一部分，装在机座里。（   ）

项目七

交流电的认识

> 🟢 【项目概述】
>
> 　　交流电广泛应用于家庭电器、工业生产和交通运输等领域。本项目通过认识电磁感应现象、认识正弦交流电、认识交流发电机、认识三相交流电四个任务的学习，帮助同学认识和理解电磁感应、交流电相关物理现象与概念，测量和计算物理量，并掌握汽车发电机的拆装与检测。

任务一　认识电磁感应现象

发电机模型由底座、传动带、带轮、永磁铁、转子、换向器和电刷等组成，用导线连接灯泡组成电路，如图 7-1-1 所示，摇动带轮手柄时，小灯泡电路中会产生电流。前面学习了电流的磁效应，知道了电可以生磁，反过来，磁也是可以生电。科学家法拉第用 10 年时间发现了电磁感应现象的条件和规律。根据这个发现，人们发明了发电机，使人类大规模用电成为了可能，开辟了电气化时代。请大家完成实验，认识楞次定律与电磁感应现象。

图 7-1-1　发电机模型

知识目标	技能目标	素养目标
1. 能描述电磁感应现象 2. 能描述楞次定律	1. 能使用右手定则判定感应电流方向 2. 能根据楞次定律确定感应电流的磁场方向	1. 通过介绍法拉第发现电磁感应现象的漫长过程，培养学生锲而不舍、坚忍不拔的求知精神 2. 使学生认识到任何创造发明的基础都是科学探索的成果，初步具有科学探索意识

一、电磁感应现象

1. 概念

闭合电路的一部分导体在磁场中做切割磁感线运动时，导体中就会产生电流，这种现象叫作电磁感应现象。闭合电路中由电磁感应现象产生的电流叫作感应电流。

1831 年，法拉第把两个线圈绕在一个铁环上，线圈 A 接直流电源，线圈 B 接电流表。他发现，当线圈 A 的电路接通或断开的瞬间，线圈 B 中会产生瞬时电流，如图 7-1-2 所示。法拉第发现铁环并不是必需的。拿走铁环，再做这个实验，上述现象仍然发生，只是线圈 B 中的电流弱些。为了透彻研究电磁感应现象，法拉第做了许多实验，法拉第把这种现象定名为"电磁感应现象"。法拉第之所以能够取得这一卓越成就，是同他关于各种自然力的统一和转化的思想密切相关的。正是这种对于自然界各种现象普遍联系的坚强信念，支持着法拉第始终不渝地为从实验上证实磁向电的转化而探索不已。

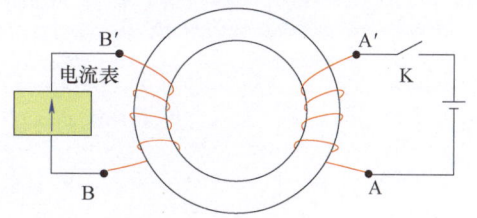

图 7-1-2　电磁感应现象

电磁感应现象是电磁学中最重大的发现之一，它显示了电、磁现象之间的相互联系和转化，对其本质的深入研究所揭示的电、磁场之间的联系，对麦克斯韦电磁场理论的建立具有重大意义。电磁感应现象在电工技术、电子技术以及电磁测量等方面都有广泛的应用。

2. 产生条件

1）闭合回路。
2）穿过闭合电路的磁通量发生变化。
如果缺少一个条件，就不会有感应电流产生。

3. 线圈中感应电动势的大小

假设闭合电路是一个 n 匝的线圈，感应电动势可表示为

$$E = n\frac{\Delta \Phi}{\Delta t}$$

式中　n 为线圈匝数；
　　　$\Delta \Phi$ 为磁通量变化量，单位为 Wb；
　　　Δt 为发生变化所用时间，单位为 s；
　　　E 为产生的感应电动势，单位为 V。

二、右手定则

判断感应电流方向时可以使用右手定则。右手定则：伸开右手，使大拇指与其余四个手指垂直，并且都与手掌在一个平面内，把右手放入磁场中，让磁感线垂直穿过手心（即手心正对磁场 N 极方向），大拇指指向导体运动的方向，那么其余四个手指所指的方向就是感应电流的方向，如图 7-1-3 所示。

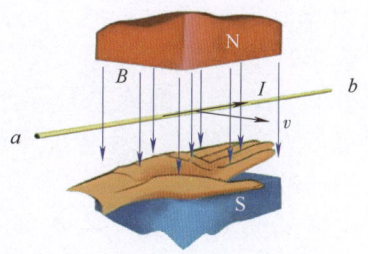

图 7-1-3　右手定则

一、准备工作

按表 7-1-1 准备工具、设备、元器件及导线，检查设备外观是否完好。

表 7-1-1　认识电磁感应元器件清单表

序号	名称	单位	数量
1	干电池	节	1
2	开关	只	2
3	条形磁铁	块	1
4	检流计（零位在中间）	只	1
5	器件A	台	1
6	导线	根	若干
7	微安表	块	1
8	交流发电机模型	台	1
9	霍尔式转速传感器	个	1
10	磁电式转速传感器	个	1

二、楞次定律试验

1）确认电流方向和电流表指针偏转的关系。将线圈、检流计串联，两端分别与干电池做瞬间接触（不能做较长时间的接触，以免大电流损坏检流计），确认电流方向和检流计指针偏转的关系。

2）按图 7-1-4 所示连接电路，将条形磁铁的 N 极插入线圈，并按以下步骤操作：

① 将通过线圈的磁场方向和磁通量（Φ_0）的变化情况按表 7-1-2 的要求填入表内。

② 观察检流计指针的偏转方向，确定出感应电流（$I_感$）的方向，将结果填入表 7-1-2。

③ 用右手定则确定 $I_感$ 在线圈内产生的磁场方向，并与线圈内的原磁场方向比较，将结果填入表 7-1-2。

④ 分析 $I_感$ 的磁场对 Φ_0 的变化起什么作用，是阻碍还是加强质的变化，将结论填入表 7-1-2。

图 7-1-4　楞次定律试验电路

⑤ 将条形磁铁的 N 极从线圈中拔出，按步骤 2）所述的过程进行实验，将结果填入表 7-1-2。

⑥ 将条形磁铁的 S 极插入线圈，按步骤 2）所述的过程进行实验，将结果填入表 7-1-2。

⑦ 将条形磁铁的 S 极从线圈中拔出，按步骤 2）所述的过程进行实验，将结果填入表 7-1-2。

表 7-1-2 楞次定律试验记录表

实验次序		穿入线圈的原磁通		线圈内 $I_感$ 方向	$I_感$ 的磁场方向与原磁场方向比较（同向或反向）	$I_感$ 的磁场对 Φ_0 的变化起什么作用，是阻碍还是加强 Φ_0 的变化
		原磁场方向（向上或向下）	Φ_0 的变化（增加或减少）			
N 极插入						
N 极拔出						
S 极插入						
S 极拔出						

3）闭合导体回路中感应电流的磁场总是要阻碍引起感应电流磁通量的变化，这就是楞次定律。应用楞次定律判断感应电流方向的步骤如下：

① 明确引起感应电流的磁场方向。
② 判断穿过闭合电路磁通量的变化。
③ 根据楞次定律确定感应电流的磁场方向。
④ 利用右手定则判定感应电流的方向。

三、电磁感应现象

1）如图 7-1-5 所示，用导线连接器件 A 和微安表。

2）将条形磁铁的 N 极插入线圈左侧末端，如图 7-1-6 所示。将条形磁铁按表 7-1-3 操作步骤进行移动，记录下磁铁移动方向变化时微安表的变化，将结果填入表 7-1-3。

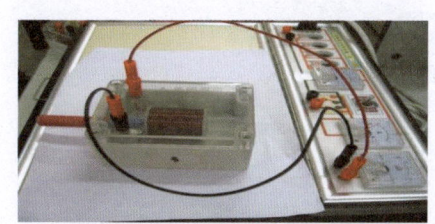

图 7-1-5 电磁感应现象电路

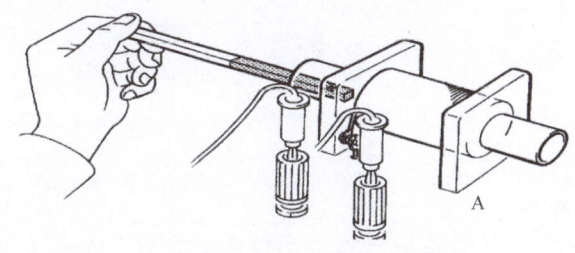

图 7-1-6 电磁感应现象试验

表 7-1-3 电磁感应现象记录表（一）

磁铁移动方向	微安表	
	指针偏转变化情况（向左、向右、不偏转）	指示值
将条形磁铁 N 极快速向左移动到线圈右侧末端		
当条形磁铁停在右侧末端，停止移动时		
向左快速把条形磁铁拔出至线圈左侧末端		
当条形磁铁停在左侧末端，停止移动时		
将条形磁铁 N 极慢慢插入线圈右侧末端		
当条形磁铁停在右侧末端，停止移动时		
向左慢慢把条形磁铁拔出至线圈左侧末端		
当条形磁铁停在左侧末端，停止移动时		

3）将条形磁铁的 S 极插入线圈左侧末端，将条形磁铁按表 7-1-4 操作步骤进行移动，记录下磁铁移动方向变化时微安表的变化，将结果填入表 7-1-4。

表 7-1-4 电磁感应现象记录表（二）

磁铁移动方向	微安表	
	指针偏转变化情况（向左、向右、不偏转）	指示值
将条形磁铁 S 极快速向左移动到线圈右侧末端		
当条形磁铁停在右侧末端，停止移动时		
向左快速把条形磁铁拔出至线圈左侧末端		
当条形磁铁停在左侧末端，停止移动时		
将条形磁铁 S 极慢慢插入线圈右侧末端		
当条形磁铁停在右侧末端，停止移动时		
向左慢慢把条形磁铁拔出至线圈左侧末端		
当条形磁铁停在左侧末端，停止移动时		

条形磁铁 N 极插入线圈时，穿过线圈的磁通量增强，根据楞次定律，感应电流的磁场要阻碍磁通量的增加。因此，线圈内部感应电流产生的磁场方向与磁铁的磁场方向相反，即靠近条形磁铁的那段（左边）就是 N 极，如图 7-1-7 所示。微安表正偏。当磁棒停止移动时，磁通量没有变化，因此没有感应电流产生，所以指针指为零。

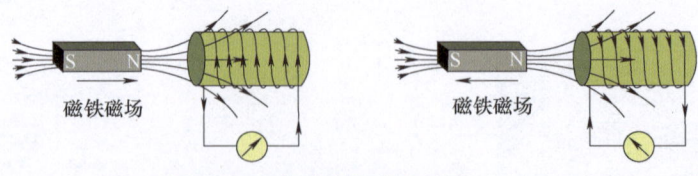

图 7-1-7 电磁感应现象试验（一）

当条形磁铁 N 极拔出线圈时，穿过线圈的磁通量减弱。根据楞次定律，感应电流的磁场要阻碍磁通量的减少。因此，线圈内部感应电流产生的磁场方向与磁铁的磁场方向相同，右边是 N 极，如图 7-1-7 所示。微安表反偏。当条形磁铁停止移动时，磁通量没有变化，因而没有感应电流产生，所以指针指为零。

当磁棒 S 极插入线圈时，穿过线圈的磁通量增强，根据楞次定律，感应电流的磁场要阻碍磁通量的增加。因此，线圈内部感应电流产生的磁场方向与条形磁铁的磁场方向相反，远离磁棒的那端（右边）就是 N 极，如图 7-1-8 所示。微安表反偏。当条形磁铁停止移动时，磁通量没有变化，因此没有感应电流产生，所以指针指为零。

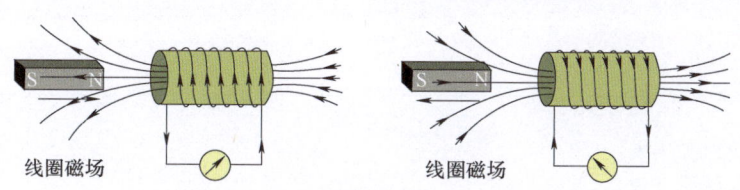

图 7-1-8　电磁感应现象试验（二）

当条形磁铁 S 极拔出线圈时，穿过线圈的磁通量减弱。根据楞次定律，感应电流的磁场要阻碍磁通量的减少。因此，线圈内部感应电流产生的磁场方向与条形磁铁的磁场方向相同，左边是 N 极，如图 7-1-8 所示。微安表正偏。当条形磁铁停止移动时，磁通量没有变化，因此没有感应电流产生，所以指针指为零。

认识电磁感应现象任务评分标准见表 7-1-5，依照评分标准对任务完成情况进行评价打分。

表 7-1-5　认识电磁感应现象任务评分标准

任务名称		组别			学生姓名		工位号	
							用时长	
序号	评价项目	评价要点	配分	学生自评	小组互评	教师评价	小计	
1	知识理解	能描述电磁感应现象	10					
		能描述楞次定律	10					
		能描述右手定则	10					
2	楞次定律实验	能整理出所需要的实训元器件	5					
		按图正确连接实现功能	5					
		能正确完成实验操作	5					
		任务表单填写完整	5					
3	电磁感应现象实验	能整理出所需要的实训元器件	5					
		按图连接实现功能	5					
		能正确完成实验操作	5					
		任务表单填写完整	5					
4	团队协作	参与组内学习，分享学习成果	10					

115

（续）

序号	评价项目	评价要点	配分	学生自评	小组互评	教师评价	小计
5	安全文明	遵守安全文明操作规程，无事故发生	10				
6	清扫清洁	按6S要求清理现场，摆放器件	10				
总分			100				
教师签名					总计		

1. **电磁感应现象概念、条件**

只要穿过闭合导体回路中的磁通量发生变化，闭合导体回路中就会产生感应电流，这种现象就称为电磁感应现象。闭合电路中感应电动势的大小，与穿过闭合电路磁通量的变化率成正比，这就是法拉第电磁感应定律。

2. **楞次定律**

感应电流具有这样的方向，即感应电流的磁场总要阻碍引起感应电流磁通量的变化。

3. **右手定则**

伸开右手，使大拇指与其余四个手指垂直并且都与手掌在一个平面内，把右手放入磁场中，让磁感线垂直穿入手心，大拇指指向导体运动方向，则其余四指指向感应电流的方向。

一、选择题

1. 右手定则可以判别通电导体在磁场中的（　　）。

 A. 受力方向　　　　B. 受力大小　　　　C. 感应电流方向　　　D. 感应电流大小

2. 当线圈中的磁通量增加时，感应电流产生的磁通与原磁通方向（　　）。

 A. 正比　　　　　　B. 反比　　　　　　C. 相同　　　　　　　D. 相反

3. 如下图所示，当导体ab在外力作用下，沿金属导轨在均匀磁场中以速度 v 向右移动时，放置在导轨右侧的导体cd将（　　）。

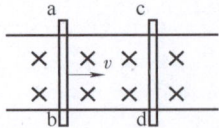

 A. 不动　　　　　　B. 向左移动　　　　C. 向右移动　　　　　D. 不能确定

4. 法拉第电磁感应定律可以这样表述，闭合电路中感应电动势的大小（　　）。

 A. 与穿过这一闭合电路磁通量的变化率成正比　B. 与穿过这一闭合电路的磁通量成正比

 C. 与穿过这一闭合电路的磁感应强度成正比　　D. 与穿过这一闭合电路磁通量的变化成正比

5. 楞次定律的内容是（　　）。

 A. 感应电流所产生的磁场总是阻止原磁场的变化

B. 感应电流所产生的磁场总是停止原磁场的变化

C. 感应电流所产生的磁场总是阻碍原磁场的变化

D. 感应电流所产生的磁场总是加强原磁场的变化

二、判断题

1. 磁体上的两个极，一个叫作 N 极，另一个叫作 S 极，若把磁体断成两段，则一段为 N 极，另一段为 S 极。（   ）

2. 在磁场中放入小磁针，它的 N 极指向可以认为是该磁场磁感应强度的方向。（   ）

3. 磁感应强度是矢量，但磁场强度是标量。（   ）

4. 如果通过某一截面的磁通量为零，则该截面处的磁感应强度也必为零。（   ）

5. 感应电流产生的磁场方向总是与原磁场的方向相反。（   ）

任务二　认识正弦交流电

任务导入

大家都学习过正弦函数，还记得它的图形吗？图 7-2-1 是用示波器观察到的 220V 家用电的波形，它的大小和方向是随时间不断变化的。大家可以看到，220V 家用电的波形和正弦函数是一致的，家用电就是一种正弦交流电。请大家用万用表测量交流电的相电压和线电压，用示波器测量变压器输出的交流电波形。

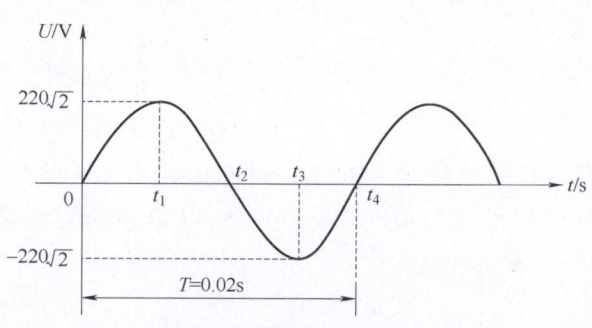

图 7-2-1　220V 家用电波形

任务目标

知识目标	技能目标	素养目标
1. 能说出正弦交流电的概念 2. 能说出正弦交流电的三要素 3. 能识别双踪示波器面板开关，能说出双踪示波器的使用方法	1. 会使用双踪示波器测量波形 2. 能进行交流电相关物理量计算	1. 了解安全操作要求，养成文明操作的习惯 2. 通过实训中规范操作，培养职业素养 3. 通过引导式学习，培养学生主动探索的精神

一、认识正弦交流电

1. 概念

交流电（简称AC）是指电流方向随时间做周期性变化的电流、电压、电动势。大小和方向随时间按照正弦函数规律变化的交流电称为正弦交流电。

2. 应用介绍

正弦交流电在工业中得到了广泛的应用，它在生产、输送和应用上比起直流电有不少优点，而且正弦交流电变化平滑且不易产生高次谐波，这有利于保护电气设备的绝缘性能和减少电气设备运行中的能量损耗。但是，不能直接使用交流电，如果直接引入交流电，脉动电流将会瞬间烧毁电器，这就需要稳压和滤波。汽车的蓄电池充电却对稳压和滤波要求相对宽松一些，这是因为普通的蓄电池本身就看作是一个电容器，如果用滤波后很平稳的电流来充电，会费时费力，所以蓄电池需要的用脉动很大的电流来充电。

二、正弦交流电相关物理量及计算

1. 周期（T）

交流电变化一个完整的循环所需要的时间称为周期，单位是秒（s）。

2. 频率（f）

单位时间内（每秒）完成的周期数称为频率，单位是赫兹（Hz）。频率和周期互为倒数的关系，即

$$T = 1/f$$

3. 角频率（ω）

单位时间内变化的角度（以弧度为单位）叫作角频率，单位是弧度/秒（rad/s），由于交流电每变化一周所经过的电角度为 2π rad，所以角频率与周期 T、频率 f 之间的关系为

$$\omega = 2\pi/T = 2\pi f$$

【例1】我国供电电源的频率为50Hz，称为工业标准频率，简称工频，其周期为多少? 角频率为多少?

解：$T = 1/f = 1/50\text{Hz} = 0.02\text{s}$

$\omega = 2\pi f \approx 2 \times 3.14 \times 50 \text{rad/s} = 314\text{rad/s}$

4. 瞬时值

瞬时值指交流电每一瞬间时所对应的值。

5. 最大值

交流电在一个周期内最大的瞬时值称为最大值或幅值。

6. 有效值

有效值指用来计量交流电大小的物理量。交流电通过某电阻，在一个周期内所产生的热量与直流电通过该电阻在同样时间内产生的热量相等，此直流电的量值则是该交流电的有效

值。正弦电流（电压）的有效值等于其最大值（幅值）的 $\frac{1}{\sqrt{2}}$，约 0.707 倍。

【例 2】 我国生活用电是 220V 交流电，其最大值是多少？

解： $U_m = \sqrt{2} U = \sqrt{2} \times 220V \approx 311V$

7. 相位

正弦交流电流在每一时刻都是变化的，$(\omega t + \varphi)$ 是该正弦交流电流在 t 时刻所对应的角度，称为相位角，简称相位，是决定正弦交流电在某一时刻所处状态的物理量。对于某一给定的时间 t 就有对应的相位角。初相角是指正弦交流电在计时起点 $t=0$ 时的相位角值。

三、正弦交流电三要素

正弦交流电一般表示为

$$i = I_m \sin(\omega t + \varphi_0) \text{ 或 } u = U_m \sin(\omega t + \varphi_0)$$

式中，i、u 为交流电电流、电压的瞬时值；I_m、U_m 为交流电电流、电压的最大值；ω 为交流电的角频率；φ_0 为交流电的初相位，波形图如图 7-2-2 所示。

式中，I_m 称为幅值，决定正弦量的大小；ω 称为角频率，决定正弦量变化快慢；φ_0 称为初相角，决定正弦量起始状态。幅值、角频率、初相角各自反映了正弦交流电一个方面的特征，通过这三个量可以完整地表达一个正弦交流电，它们称为正弦交流电的三要素。

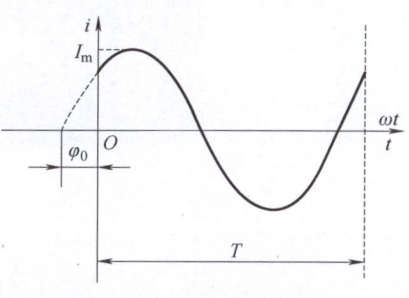

图 7-2-2　$i = I_m \sin(\omega t + \varphi_0)$
正弦量波形图

四、认识示波器

示波器是一种用途十分广泛的电子测量仪器，图 7-2-3 所示为示波器前面板，图 7-2-4 所

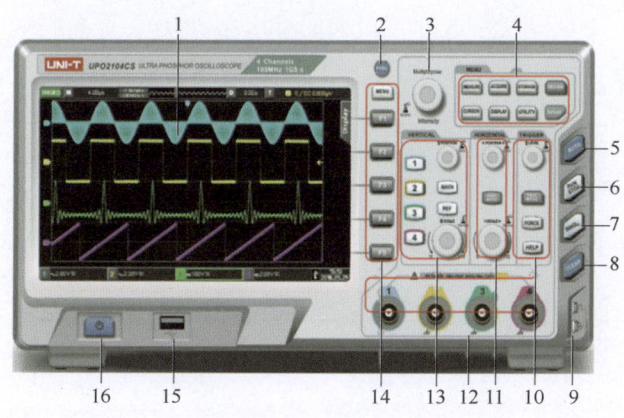

图 7-2-3　示波器前面板

1—屏幕显示区域　2—拷屏键　3—多功能旋钮（Multipurpose）　4—功能菜单键　5—自动设置控制键
6—运行/停止控制键　7—单次触发控制键　8—全部清除控制键　9—探头补偿信号连接片和接地端
10—触发控制区（TRIGGER）　11—水平控制区（HORIZONTAL）　12—模拟通道输入端
13—垂直控制区（VERTICAL）　14—控制菜单软键　15—USB HOST 接口　16—电源软开关键

119

示为示波器后面板。它能把肉眼看不见的电信号变换成看得见的图像,便于人们研究各种电现象的变化过程。示波器利用狭窄的、由高速电子组成的电子束,打在涂有荧光物质的屏面上,就可产生细小的光点(这是传统的模拟示波器的工作原理)。在被测信号的作用下,电子束就好像一支笔的笔尖,可以在屏面上描绘出被测信号瞬时值的变化曲线。利用示波器能观察各种信号幅度随时间变化的波形曲线,还可以用它测试电压、电流、频率、相位差和调幅度等。

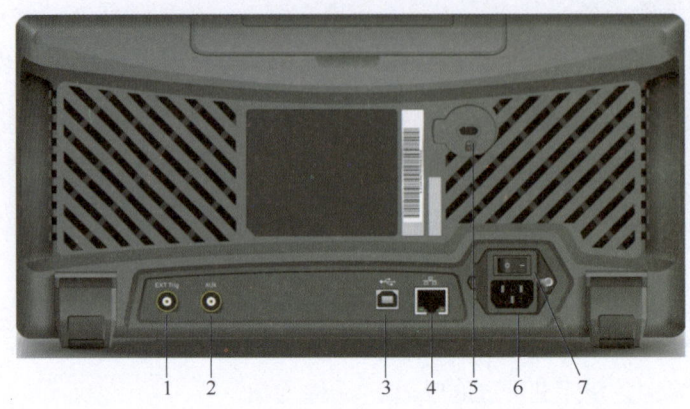

图 7-2-4　示波器后面板

1—EXT Trig:外触发或外触发/5 的输入端　2—AUX:通过/失败检测功能输出端,同时支持 Trig_out 输出　3—USB Device:USB Device 接口,通过此接口可使示波器与 PC 机进行通信　4—LAN:通过该接口将示波器连接到局域网中,对其进行远程控制　5—安全锁孔:可以使用安全锁(需单独购买)通过该锁孔将示波器锁定在固定位置　6—AC 电源输入插座:AC 电源输入端。使用附件提供的电源线将示波器连接到 AC 电源中(本示波器的供电要求为 100~240V、45~440Hz)　7—电源开关:在 AC 插座正确连接到电源后,打开此电源开关,示波器就能正常上电。此时只需按下前面板上的"电源软开关键"即可开机

一、准备工作

按表 7-2-1 准备工具、设备、元器件及导线,检查设备外观是否完好。

表 7-2-1　认识正弦交流电元器件清单表

序号	名称	单位	数量
1	UPO2104CS 示波器	台	1
2	探头	个	2
3	220V/6V 变压器	台	1
4	VC890C+数字万用表	块	1
5	三相四线制配电箱	台	1

二、示波器使用前自检

使用示波器之前，需要对示波器做一次快速功能检查，以核实示波器运行是否正常。

1. 接通电源

电源的供电电压为交流 100～240V，频率为 45～440Hz。使用附件中的电源线或者其他符合所在国家标准的电源线，将示波器连接到电源。打开电源插孔下方的电源开关使示波器处于通电状态，此时可以观察到示波器前面板左下角的电源软开关键下方待机状态灯显示为红色。

2. 开机检查

此时按下电源软开关键，使待机状态灯变为绿色，然后示波器会出现一个开机动画，启动完成后示波器就会进入正常的启动界面。

3. 连接探头

使用附件中的探头，将探头的 BNC 端连接示波器通道 1 的 BNC，探针连接到"探头补偿信号连接片"上，如图 7-2-5 所示。探头的接地鳄鱼夹与探头补偿信号连接片下面的"接地端"相连。探头补偿信号连接片输出为：幅度约为 3Vpp，频率默认为 1kHz。

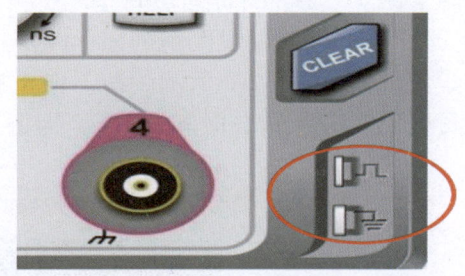

图 7-2-5　探头补偿信号连接片和接地端

4. 功能检查

按 AUTO（自动设置）键，显示屏上应出现方波（幅度约为 3Vpp，频率为 1kHz）。返回步骤 3，按相同的方法检查其他通道。如实际显示的方波形状与图 7-2-6 不相符，进行下一节"探头补偿"。

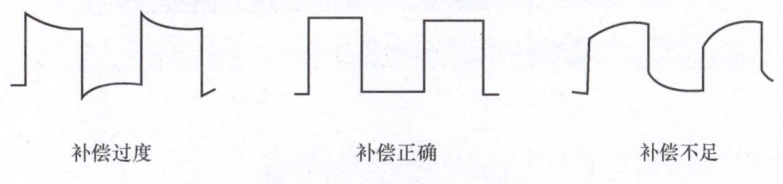

　　补偿过度　　　　　　补偿正确　　　　　　补偿不足

图 7-2-6　探头补偿校正

5. 探头补偿

在首次将探头与任一输入通道连接时，需要进行此项调节，使探头与输入通道相配。未经补偿校正的探头会导致测量误差或错误。若调整探头补偿，按以下步骤：

1）将探头菜单衰减系数设定为 10×，探头上的开关置于 10×，并将示波器探头与 CH1 通道连接。如使用探头钩形头，应确保与探头接触可靠。将探头探针与示波器的"探头补偿信号连接片"相连，接地夹与探头补偿连接片的"接地端"相连，打开 CH1 通道，然后按 AUTO 按键。

2）观察显示的波形。

3）如显示波形如图 7-2-6 所示，"补偿不足"或"补偿过度"，用非金属手柄的调笔调整探头上的可变电容，直到屏幕显示的波形如图 7-2-6"补偿正确"。

警告：为避免使用探头在测量高电压时被电击，请确保探头的绝缘导线完好，并且连接高压源时请不要接触探头的金属部分。

三、测量交流电信号

1) 检查变压器标称值，外壳、一次绕组、二次绕组有无破损，尤其是连接电源的一次绕组，必须用电工胶布把线头裸露处包裹好，把数字式万用表调到交流 20V 档位，测量变压器输出是否符合标称值要求，如图 7-2-7 所示。

2) 按照 UPO2104CS 示波器测量自检波形步骤的操作完成自检。

3) 示波器探头的探针与鳄鱼夹分别夹住二次绕组交流 6V 电源的两端，如图 7-2-7 所示。

4) 按下自动设置控制按钮，屏幕将显示出所测量波形，如图 7-2-8 所示。如不能正确显示，则设置电压档位为 5V，时基为 5ms，即可正确显示。

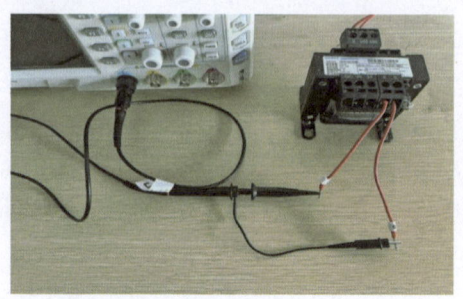

图 7-2-7　示波器与变压器的连接

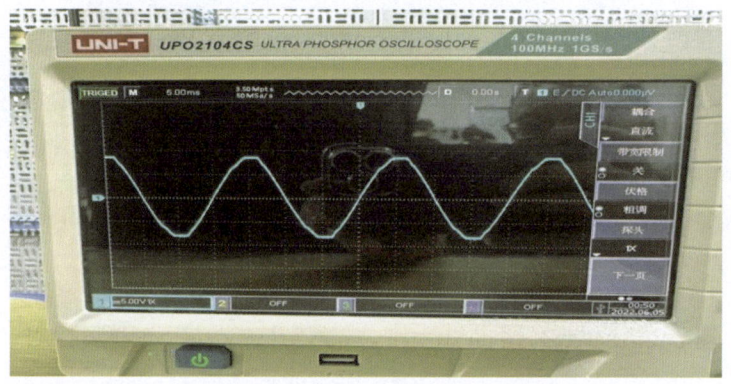

图 7-2-8　变压器 6V 输出波形图

5) 试读出图中波形的幅值和周期，并画出该波形图。

6) 检测完毕，按下 Power 键，断开电源，撤下探头并收好，把示波器放置到指定位置。

四、用 VC890C+数字式万用表测量交流电的相电压和线电压

1) 打开数字式万用表开关，并把万用表档位拨到交流 700V 位置。

2) 用数字式万用表的红、黑表笔分别测量配电线中断路器对应的相电压和线电压，测量位置如图 7-2-9 所示。

3) 记录测量数据。

4) 测量完毕，把数字式万用表的档位置于 OFF 位置，并把它放在指定位置。

五、清理现场

1) 清洁、整理工具与设备，并放在指定的位置。

2) 打扫实训工位。

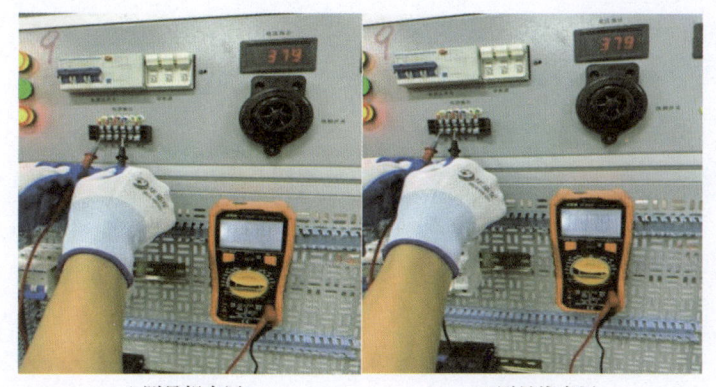

a) 测量相电压　　　　　　　　　b) 测量线电压

图 7-2-9　测量相电压和线电压

认识正弦交流电任务评分标准见表 7-2-2，依照评分标准对任务完成情况进行评价打分。

表 7-2-2　认识正弦交流电任务评分标准

任务名称		组别		学生姓名		工位号	
						用时长	
序号	评价项目	评价要点	配分	学生自评	小组互评	教师评价	小计
1	知识理解	能说出正弦交流电的概念	10				
		能说出正弦交流电三要素	10				
		能进行交流电相关物理量的计算	10				
2	使用双踪示波器	能整理出所需要的实训设备和元器件	5				
		能正确测量自检方波波形	10				
		能正确测量交流电信号	10				
		能用数字式万用表测量交流电的相电压和线电压	5				
		任务表单填写完整	10				
3	团队协作	参与组内学习，分享学习成果	10				
4	安全文明	遵守安全文明操作规程，无事故发生	10				
5	清扫清洁	按 6S 要求清理现场，摆放器件	10				
总分			100				
教师签名				总计			

123

1. 正弦交流电的概念：交流电指的是大小和方向随时间做周期性变化的电压或电流。它最基本的形式是正弦电流。正弦交流电是随时间按照正弦函数规律变化的电压和电流。

2. 周期、频率、角频率、瞬时值、幅值、有效值、相位含义及相关计算。

1）周期（T）：交流电变化一个完整的循环所需要的时间。单位：秒（s）。

2）频率（f）：单位时间内（每秒）完成的周期数。单位：赫兹（Hz）。

3）角频率（ω）：单位时间内变化的角度（以弧度为单位）。单位：弧度/秒（rad/s）

$$\omega = 2\pi/T = 2\pi f$$

4）瞬时值：交流电每一瞬间时所对应的值。

5）幅值（最大值）：交流电在一个周期内最大的瞬时值。

6）有效值：用来计量交流电大小的物理量。交流电通过某电阻，在一周期内所产生的热量与直流电通过该电阻在同样时间内产生的热量相等，此直流电的量值则是该交流电的有效值。正弦交流电有效值与最大值的关系为

$$E = \frac{E_m}{\sqrt{2}} \quad I = \frac{I_m}{\sqrt{2}} \quad U = \frac{U_m}{\sqrt{2}}$$

7）相位：正弦交流电流在每一时刻都是变化的，（$\omega t + \varphi$）是该正弦交流电流在 t 时刻所对应角度。

3. 最大值、角频率、初相角是正弦交流电的三要素。

4. 示波器的使用

1）接通电源并预热：接通电源，打开示波器开关，让示波器预热几分钟。

2）探头连接：将示波器探头的 BNC 插头插入示波器相应的通道插座中，将探针接触待测电路，黑色鳄鱼夹接地。

3）设置探头衰减比：根据被测信号的大小，设置探头衰减比，通常情况下，当被测信号小于 10V 时，选择 1∶1；当被测信号大于 10V 时，选择 10∶1。

4）调节亮度和聚焦：调节亮度旋钮，使显示屏上的背景光亮适当；调节聚焦旋钮，使波形清晰可见。

5）选择输入耦合方式：根据被测信号的特点，选择合适的耦合方式，AC 耦合主要用于观察交流信号，DC 耦合主要用于观察直流信号或叠加在直流信号上的交流信号。

6）设置垂直灵敏度：根据被测信号的幅度，调整垂直灵敏度旋钮，使波形的高度适中。

7）设置水平扫描速度：根据被测信号的频率，调整水平扫描速度旋钮，使波形宽度适中。

8）触发信号设置：选择合适的触发源、触发模式及触发电平，使波形稳定地显示在屏幕上。

9）测量：观察波形，并根据需要读取波形参数。

一、选择题

1. 一个电容器的耐压为 280V，把它接入正弦交流电路中，加在电容器上的交流电压有

效值不行的是（　　）。

　　A. 220V　　　　　　B. 196V　　　　　　C. 50V　　　　　　D. 160V

2. 交流电 $u = 200\sin(314t)\,\text{V}$，以下说法正确的是（　　）。

　　A. 交流电压的最大值为 200V　　　　B. 1s 内，交流电压方向改变 100 次
　　C. 电压的有效值为 200V　　　　　　D. 1s 内，交流电压 50 次过零值

3. 正弦交流电的幅值就是（　　）。

　　A. 正弦交流电最大值的 2 倍　　　　B. 正弦交流电最大值
　　C. 正弦交流电波形正负之和　　　　D. 正弦交流电最大值的 1.414 倍

4. 已知正弦交流电流 $i = 100\sin(314t+25°)$，则其频率为（　　）。

　　A. 50Hz　　　　　B. 220Hz　　　　　C. 314Hz　　　　　D. 100Hz

5. 将两个同频率的正弦信号同时输入示波器的 Y 通道和 X 通道，屏幕上所显示的波形为圆形，则这两个信号的相位差为（　　）。

　　A. 0°　　　　　　B. 45°　　　　　　C. 90°　　　　　　D. 180°

二、判断题

1. 有两个频率和初相位不同的正弦交流电压 u_1 和 u_2，若它们的有效值相同，则最大值也相同。　　　　　　　　　　　　　　　　　　　　　　　　　　（　　）
2. 已知正弦交流电的"三要素"，即可写出其解析式。　　　　　　　　（　　）
3. 正弦交流电的解析式可以表明最大值与瞬时值之间的关系。　　　　（　　）
4. 波形图可完整地描述正弦交流电随时间的变化规律。　　　　　　　（　　）
5. 在正弦交流电的波形图中可看出交流电的最大值、初相位和周期。　（　　）

任务三　认识交流发电机

 任务导入

　　汽车上有车灯、音响、喇叭、车窗升降器等用电设备，汽车不起动时，这些设备都由蓄电池提供电能。汽车起动后则由发电机为这些设备供电，同时为蓄电池充电。汽车发电机是一种交流发电机，发出的电是交流电，通过整流后变成直流电，供汽车使用。图 7-3-4 所示为汽车交流发电机，请完成汽车交流发电机的拆装，并对主要部件进行检测。

 任务目标

知识目标	技能目标	素养目标
1. 能描述交流电的产生原理 2. 能说出交流发电机的结构与工作原理 3. 能说出整流器的结构与工作原理	能正确完成汽车发电机拆装与检测	1. 分析发电机工作原理，培养将理论知识运用于实际的能力 2. 通过拆装协作，培养团队合作能力

发电机的种类有很多,但其工作原理都基于电磁感应定律和电磁力定律,其构造的一般原则是:用适当的导磁和导电材料构成互相进行电磁感应的磁路和电路,以产生电磁功率,达到能量转换的目的。

发电机通常由定子、转子、端盖及轴承等部件构成。轴承及端盖将发电机的定子和转子连接组装起来,使转子能在定子中旋转,做切割磁感线的运动,从而产生感应电动势,通过接线端子引出,接在回路中,便产生了电流。

一、单匝线圈在磁场中旋转的交流发电机

如图 7-3-1 所示,当由线圈产生的电流通过集电环和电刷时,电流的大小和方向都发生改变。当线圈旋转时,在前半周,产生的电流从电刷 A 流过灯泡,然后回到电刷 B;在后半周,产生的电流从电刷 B 流过灯泡,然后回到电刷 A。电流大小和方向如图 7-3-2 所示。

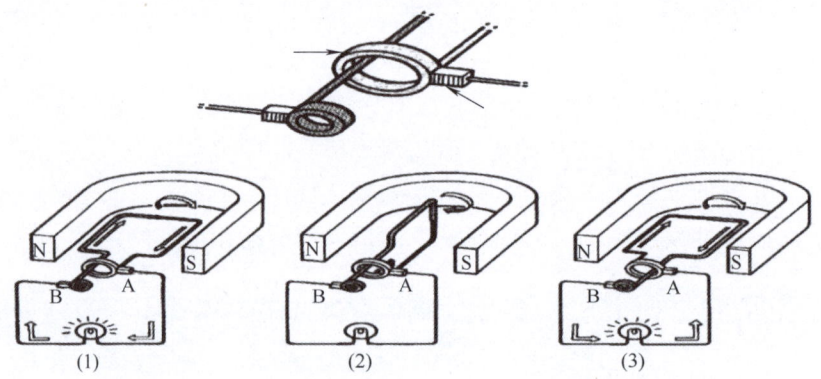

图 7-3-1 单匝线圈在磁场中旋转的交流发电机工作过程

二、磁铁在单匝固定线圈中旋转的交流发电机

当磁铁在线圈中旋转时,在线圈中产生大小和方向都变化的交流电流,线圈中的电流和磁铁的位置之间的关系如图 7-3-3 所示。当磁铁的 N 极和 S 极靠近线圈时,线圈产生的电流最大。可是,每当磁铁旋转半圈,线圈电流方向相反。磁场旋转一圈,单匝线圈上产生的正弦波为单向交流电流。

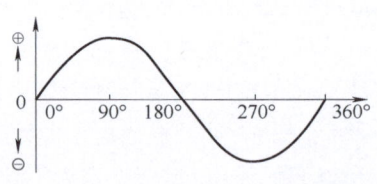

图 7-3-2 交流发电机电流变化波形

线圈中的电流和磁铁的位置之间的关系。当磁场方向与导线平行时,导线没有切割磁感线,不产生电流。磁场顺时针旋转 90°,磁场与导线呈直角,磁场转到这一点,在 N、S 极处导线切割的磁感线最多,导线中电流为正的最大值。电流方向是从上部导线流出,下部导线流入。磁场再继续旋转 90°,磁场反方向再次与导线平行,导线没有切割磁感线,不产生电流。磁场再继续旋转 90°,磁场方向上下颠倒,与导线呈直角,磁场转到这一点,在 N、S 极处导线切割的磁感线最多,导线中电流为负的最大值。电流方向是从上部导线流入,下部

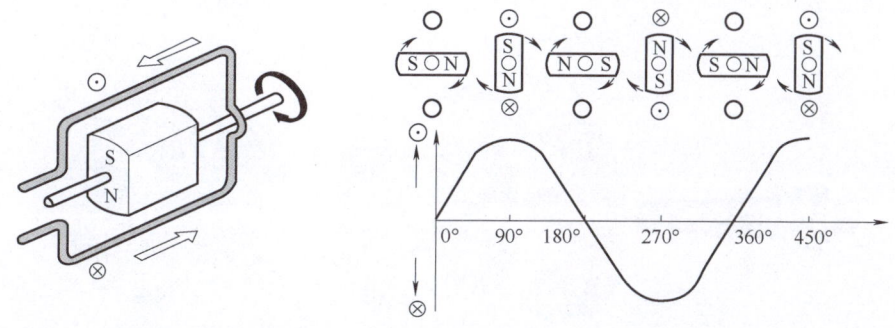

图 7-3-3　磁铁在单匝固定线圈中旋转的交流发电机线圈中电流和磁铁的位置之间的关系

导线流出。磁场转完一圈，返回到与导线平行的位置，导线内电流为 0。

上述讨论的是几个极限位置，在这几个位置之间过渡时，导线中的电流数值是随着导线与磁场的相对角度连续变化的。这样磁场旋转一圈，导线内就产生了一个连续变化、具有几个特征值的正弦波形。

磁场旋转一圈，单匝线圈上产生的正弦波为单相交流电流。如果每相隔 120°布置一匝导线，磁场每旋转一圈，在三匝导线中就会产生三相电流。这样的发电机就称为三相交流发电机。

三、汽车交流发电机

汽车发电机是汽车的主要电源，其功用是在发动机正常运转时，向所有用电设备（起动机除外）供电，同时向蓄电池充电。汽车发电机可分为直流发电机和交流发电机，由于交流发电机在许多方面优于直流发电机，直流发电机已被淘汰。汽车交流发电机如图 7-3-4 所示。

交流发电机一般由转子、定子、整流器、前后端盖、风扇和带轮等组成，如图 7-3-5 所示。

图 7-3-4　汽车交流发电机

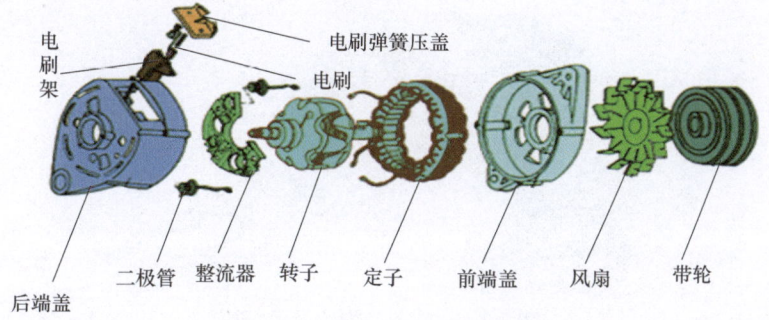

图 7-3-5　汽车交流发电机的组成

1. 转子

转子的功用是产生旋转磁场。转子由爪极、磁轭、磁场绕组、集电环和转子轴组成，如

图 7-3-6 所示。

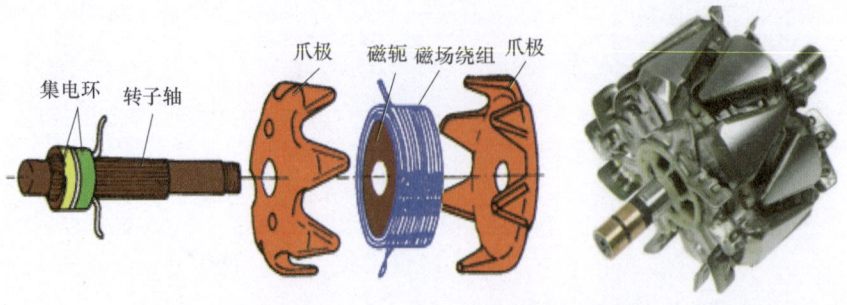

图 7-3-6 汽车发电机转子

2. 定子

定子的作用是产生交流电。定子由定子铁心和定子绕组组成,如图 7-3-7a 所示。定子安装在转子的外面。与发电机的前后端盖固定在一起,如图 7-3-7b 所示。当转子在其内部转动时,引起定子绕组中磁通的变化,定子绕组中就产生交变的感应电动势。

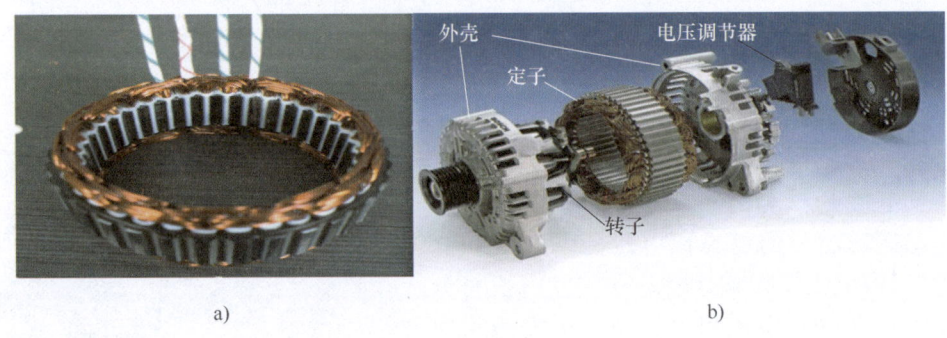

图 7-3-7 汽车发电机定子

3. 整流器

交流发电机整流器(图 7-3-8)的作用是将定子绕组的三相交流电变为直流电。交流发电机的整流器是由六只硅整流二极管组成三相全波桥式整流电路,其组成如图 7-3-9 所示。

图 7-3-8 交流发电机整流器

4. 端盖和电刷总成

端盖一般分两部分(前端盖和后端盖),起固定转子、定子、整流器和电刷组件的作用。

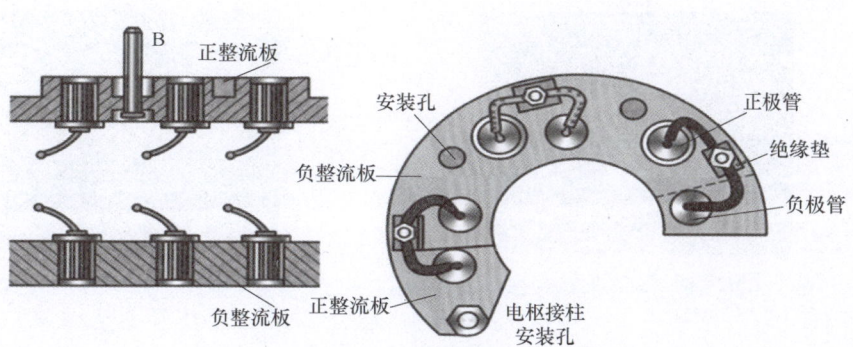

图 7-3-9　交流发电机整流器的组成

一、准备工作

按表 7-3-1 准备工具、设备、元器件及导线，检查设备外观是否完好。

表 7-3-1　认识交流发电机实训设备清单表

序号	名称	单位	数量
1	12V 普通硅整流器交流发电机	台	1
2	尖嘴钳	把	1
3	十字螺钉旋具	把	1
4	8 号套筒丁字杆	个	1
5	10 号套筒丁字杆	个	1
6	22 号套筒	个	1
7	两爪拉拔器	个	1
8	铁锤 0.5P	把	1
9	橡胶锤	把	1
10	指针式扭力扳手	把	1
11	数字式万用表	台	1
12	游标卡尺	把	1

二、按照流程完成汽车发电机的拆装与检测

1）拆下螺母和端子绝缘套，如图 7-3-10 所示。
2）拆下三个螺栓和后端盖，如图 7-3-11 所示。
3）拆下两个螺钉和电刷架，如图 7-3-12 所示。

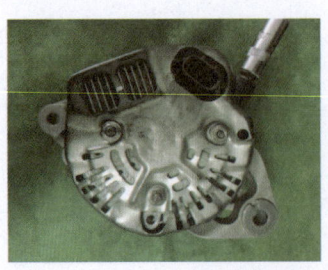
图 7-3-10　拆下螺母和端子绝缘套

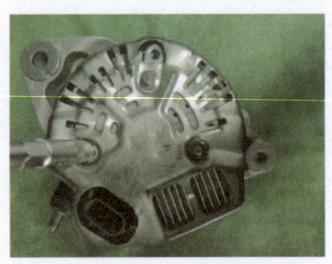
图 7-3-11　拆下螺栓和后端盖

4）拆下三个螺钉和发电机稳压器，如图 7-3-13 所示。

图 7-3-12　拆下螺钉和电刷架

图 7-3-13　拆下螺钉和发电机稳压器

5）拆下发电机带整流器的支架，如图 7-3-14 所示。
6）拆下发电机带轮，如图 7-3-15 所示。

图 7-3-14　拆下发电机带整流器的支架

图 7-3-15　拆下发电机带轮

7）拆下发电机整流器后端盖，如图 7-3-16 所示。
8）拆下发电机转子总成，如图 7-3-17 所示。

图 7-3-16　拆下发电机整流器后端盖

图 7-3-17　拆下发电机转子总成

9）检查发电机转子总成（60A 发电机）。

① 检查转子断路。使用欧姆表，检查集电环之间应导通，如图 7-3-18 所示。标准电阻：2.7~3.1Ω（20℃）。

② 检查转子搭铁。使用欧姆表，检查集电环和转子之间不导通，如图 7-3-19 所示。

图 7-3-18　检查转子断路

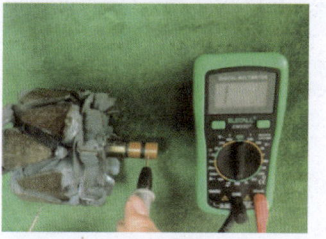
图 7-3-19　检查转子搭铁

③ 检查转子集电环磨损或划伤，如图 7-3-20 所示。

④ 使用游标卡尺测量集电环直径，如图 7-3-21 所示。标准直径：14.2~14.4mm，最小直径：12.8mm。

图 7-3-20　检查转子集电环

图 7-3-21　测量集电环直径

10）检查发电机定子总成。

① 检查定子断路，如图 7-3-22 所示。使用欧姆表，检查线圈插头之间应导通。

② 检查定子搭铁，如图 7-3-23 所示。使用欧姆表，检查线圈插头和前端盖之间应不导通。

图 7-3-22　检查定子断路

图 7-3-23　检查定子搭铁

③ 检查轴承麻点或磨损，如图 7-3-24 所示。

11）检查发电机电刷。使用游标卡尺，测量露出部分电刷长度。标准长度：10.5mm，最小长度 1.5mm。

12）检查发电机支架带整流器（60A 发电机）。

① 检查正极（+）整流器，如图 7-3-25 所示。

图 7-3-24　检查轴承

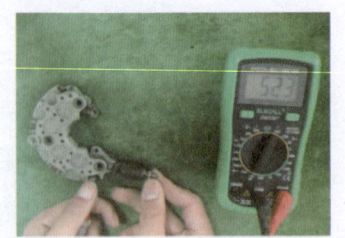
图 7-3-25　检查正极（+）整流器

② 检查负极（-）整流器，如图 7-3-26 所示。

13）安装发电机后端盖，如图 7-3-27 所示。

图 7-3-26　检查负极（-）整流器

图 7-3-27　安装发电机后端盖

14）安装发电机带轮，如图 7-3-28 所示。

15）安装发电机支架带整流器，如图 7-3-29 所示。

图 7-3-28　安装发电机带轮

图 7-3-29　安装发电机支架带整流器

16）安装发电机稳压器总成，如图 7-3-30 所示。

17）安装发电机电刷架总成，如图 7-3-31 所示。

图 7-3-30　安装发电机稳压器总成

图 7-3-31　安装发电机电刷架总成

18）安装发电机后端盖罩，如图 7-3-32 所示。
19）安装端子绝缘套，如图 7-3-33 所示。

图 7-3-32　安装发电机后端盖罩

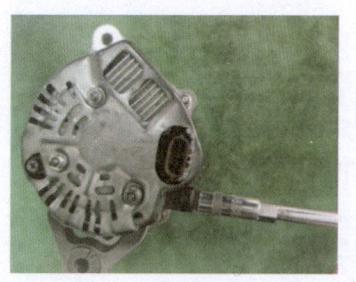

图 7-3-33　安装端子绝缘套

20）检查发电机转子总成，转子转动灵活。

三、清理现场

1）清洁、整理工具与设备，并放在指定的位置。
2）打扫实训工位。

认识交流发电机任务评分标准见表 7-3-2，依照评分标准对任务完成情况进行评价打分。

表 7-3-2　认识交流发电机任务评分标准

任务名称		组别		学生姓名		工位号	
						用时长	
序号	评价项目	评价要点	配分	学生自评	小组互评	教师评价	小计
1	知识理解	能描述交流电产生原理	10				
		能说出交流发电机的结构与工作原理	10				
		能说出汽车发电机整流器的结构与工作原理	10				
2	汽车发电机拆装与检测	能整理所需实训工具、设备	10				
		能完成汽车发电机的拆装	10				
		能正确检测汽车发电机	10				
		任务表单填写完整	10				
3	团队协作	参与组内学习，分享学习成果	10				
4	安全文明	遵守安全文明操作规程，无事故发生	10				

(续)

序号	评价项目	评价要点	配分	学生自评	小组互评	教师评价	小计
5	清扫清洁	按 6S 要求清理现场，摆放器件	10				
	总分		100				
	教师签名				总计		

1. **交流发电机的结构**

转子：爪极、磁轭、磁场绕组、集电环、转子轴。
定子：定子铁心、定子绕组。
整流器：一般是由六只硅整流二极管组成三相全波桥式整流电路。
端盖：前端盖、后端盖。

2. **汽车发电机拆装流程**

3. **汽车发电机检测要点**

转子断路、转子搭铁、转子集电环、集电环直径。
定子断路、定子搭铁、轴承。
发电机电刷、整流器。

一、选择题

1. （　　）可导致发电机异响。

   A. 转子与定子之间碰擦　　　　　　B. 电刷过短
   C. 定子短路　　　　　　　　　　　D. 转子短路

2. 交流发电机转子的作用是（　　）。

   A. 发出三相交流电动势　　　　　　B. 产生磁场
   C. 变交流为直流　　　　　　　　　D. 调整输出电压

3. 硅整流发电机的电刷高度不得小于（　　）。

   A. 4mm　　　　B. 7mm　　　　C. 12mm　　　　D. 18mm

4. 交流发电机中产生三相交流电的装置是（　　）。

   A. 定子　　　　B. 转子　　　　C. 整流器　　　　D. 电压调节器

5. 汽车交流发电机的调节电压一般为（　　）V。

   A. 13.9~15.1　　B. 14　　　　C. 12　　　　D. 8

二、判断题

1. 硅整流器的二极管可用普通整流二极管代替。　　　　　　　　　　（　　）
2. 中性点接线柱与定子绕组中心相连。　　　　　　　　　　　　　　（　　）
3. 发电机全部是负极搭铁。　　　　　　　　　　　　　　　　　　　（　　）

4. 汽车发电机定子的作用是产生旋转磁场。　　　　　　　　　　　　　　　（　　）
5. 硅整流二极管的特性是单向导电。　　　　　　　　　　　　　　　　　　（　　）

任务四　认识三相交流电

任务导入

如图 7-4-1 所示，如果把三个相同的矩形线圈固定在同一个轴上，并使它在磁场中转动，这三个线圈是否都会产生电动势呢？这就是三相交流电。相比单相，三相交流发电机比单相交流发电机发电功率更大，通过不同的接线方法，还可以得到两种不同电压。三相交流电的电源和负载都有星形和三角形接法，请大家按不同的接法要求连接电路，并测量相电压、线电压、相电流、线电流的大小，并分析其关系。

任务目标

知识目标	技能目标	素养目标
1. 能说出三相交流电的含义及相关特点、规律 2. 能描述三相交流电电源和负载接法	1. 能判断三相绕组的连接方式 2. 能测量三相电源和负载相关参数	1. 培养爱动脑、勤动手的学习习惯 2. 培养学生自主探究的精神

知识链接

一、三相交流电的产生

除了单相交流电，还有三相交流电。三相交流电是由三个频率相同、幅值相等、相位差互差120°电角度的单相交流电源按规定方式组成的电源。三相交流电是由三相交流发电机或三相变压器中的绕组提供的。

如图 7-4-1 所示，在三相交流发电机中有三个相同的绕组。三个绕阻的首端分别用 U_1、V_1、W_1 表示，末端分别用 U_2、V_2、W_2 表示。这三个绕组分别称为 U 相、V 相、W 相绕组。转子绕组通直流，并由机械力带动匀速转动。在三个绕组中会产生电动势，三个电动势的最大值相等、频率相同、相位互差 120°，称为三相对称交流电动势。这三个对称的正弦交流电可以用以下解析式表示：

$$e_U = E_m \sin(\omega t + 0°)$$
$$e_V = E_m \sin(\omega t - 120°)$$
$$e_W = E_m \sin(\omega t + 120°)$$

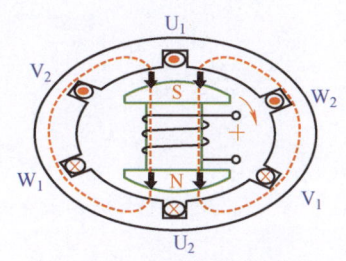

图 7-4-1　三相交流发电机原理示意图

三相交流电在电力输送上节省导线,能产生旋转磁场,为结构简单、使用方便的异步电动机的发展和应用创造了条件。因此,三相交流电获得了广泛的应用。

实际中,人们十分关注三相交流电的相序。相序是指三相交流电动势到达最大值的先后次序,在图7-4-1中,最先到达最大值的是e_U,其次是e_V,最后是e_W,即最大值出现的次序是U—V—W—U,称为正序;若最大值出现的次序为U—W—V—U,则称为逆序。习惯上采用黄绿红三种颜色分别表示U、V、W三相。

二、三相电源的连接方式

三相电在电源端有星形联结和三角形联结两种接法。星形联结又可分为三相三线制和三相四线制,发电机的三个绕组很少接成三角形使用。

1. 星形联结

星形联结(图7-4-2)是将三相电源线圈一端都接在一起,成为三个线圈的公用点,通常称它为中性点或零点,用字母 N 表示;另一端作为引出线,分别为三相电的三条相线。供电时,一共引出四根线:从中性点 N 引出的导线称为中性线,居民供电中称为零线 N;从三个线圈的首端引出的三根导线称为相线或火线。星形联结的三相电,当三相负载平衡时,即使连接中性线,其上也没有电流流过,可以不连接中性线。三相负载不平衡时,应当连接中性线,否则各相负载将分压不等。

相线(端线):从三相电源三个相头 U_1、V_1、W_1 引出的三根导线叫作相线,俗称火线。

中性线(零线):星形公共联结点 N 叫作中点,从中点引出的导线叫作中线或零线。

三相四线制:由三根相线和一根中线组成的输电方式(通常在低压配电中采用)。

线电压:任意两个相线之间的电压叫作线作电压。

相电压:任意一条相线与中线之间的电压叫作相电压。

在我国低压配电系统中,大多采用三相四线制的星形联结,线电压有效值为380V,相电压有效值为220V。

2. 三角形联结

三角形联结(图7-4-3)是将各相电源依次首尾相连,并将每个相连的点引出,作为三相电的三条相线。三角形联结没有中性点,也不可引出中性线,因此只有三相三线制。添加地线后,成为三相四线制。三角形联结相电压就是线电压,为380V。

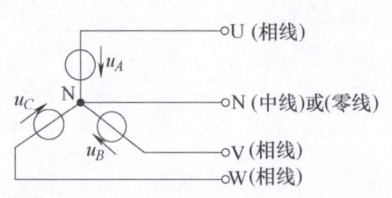

图 7-4-2 三相电源的星形联结

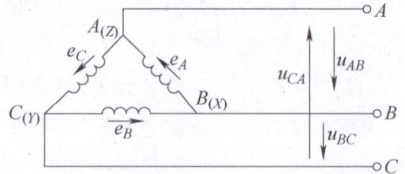

图 7-4-3 三相电源的三角形联结

三、三相负载的连接方式

接在三相电源上的负载称为三相负载,可以根据每相负载额定电压选择与电源连接方式。例如,当负载额定电压为380V时,可将负载接在两端线之间,使用线电压;当负载额定电压为220V时，可将负载接在端线与中性线之间，使用相电压。通常把各相负载相同的三相负载称为对称三相负载，如三相电动机等；如果各相负载不同，则称为不对称三相负载。

1. 三相负载的星形联结

把三相负载分别接在三相电源的一根相线和中性线之间的接法称为三相负载的星形联结，常用标记，如图7-4-4所示。图7-4-4中，负载两端的电压称为负载的相电压。在忽略输电线上的电压降时，负载的相电压就等于电源的相电压，电源的线电压等于负载相电压的$\sqrt{3}$倍。流过每相负载的电流称为相电流，流过每根相线的电流称为线电流，线电流与相电流大小相等。

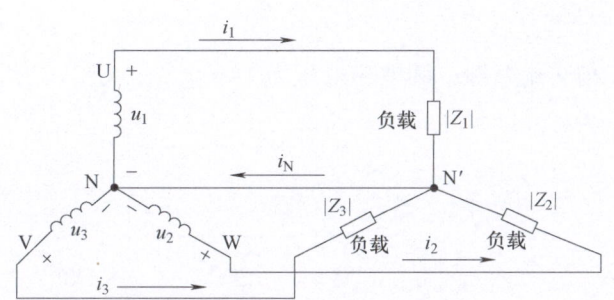

图7-4-4 三相负载的星形联结

2. 三相负载的三角形联结

把三相负载分别接在三相电源的每两根相线之间的接法称为三相负载的三角形联结，常用△标记，如图7-4-5所示。由于各相负载接在两根相线之间，因此负载的相电压就等于电源的线电压。线电流是相电流的$\sqrt{3}$倍。三相负载接在电源中，是进行三角形联结还是星形联结，要根据负载的额定电压而定。

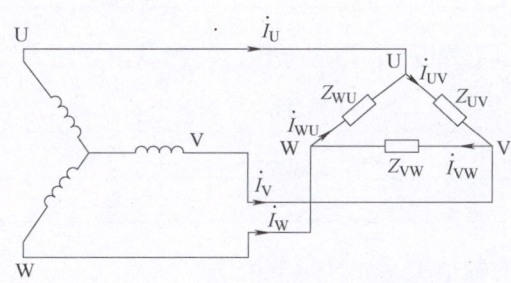

图7-4-5 三相负载的三角形联结

一、准备工作

按表7-4-1准备工具、设备、元器件及导线，检查设备外观是否完好。

137

表 7-4-1　认识三相交流电路元器件清单表

序号	名称	单位	数量
1	导线	根	若干
2	数字式万用表	块	1
3	电流钳	块	1
4	三相交流电源（1~300V，45~400Hz）	套	1
5	12V/5W 灯泡	只	3
6	12V/20W 灯泡	只	6

二、三相电源的测试

图 7-4-6 所示为三相交流电源，调整相电压为 12V。

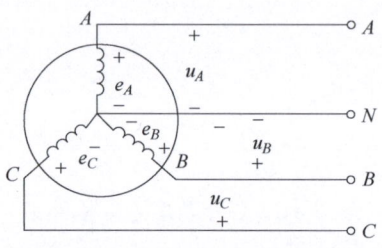

图 7-4-6　三相交流电源

1）测试相线与中线之间的电压，即相电压，将测量数据填入表 7-4-2 中。

表 7-4-2　相电压测量结果

相电压	U_{AN}	U_{BN}	U_{CN}
测量值			

2）测试相线与相线之间的电压，即线电压，将测试数据填入表 7-4-3 中。

表 7-4-3　线电压测试结果

线电压	U_{AB}	U_{BC}	U_{CA}
测量值			

3）计算 U_{AB} 与 U_{AN} 等的数值关系，并填入表 7-4-4 中。

表 7-4-4　线电压与相电压之间的数量关系计算

计算内容	计算值
U_{AB} 与 U_{AN} 的数值关系	
U_{BC} 与 U_{BN} 的数值关系	
U_{CA} 与 U_{CN} 的数值关系	

4)在图7-4-7中，三相正弦交流电压的相量图是_____（a/b）。

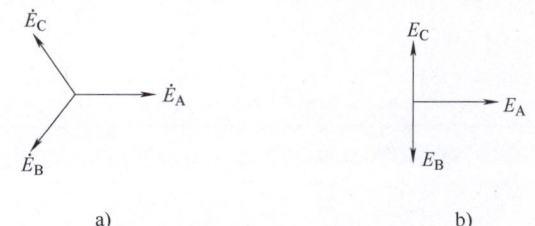

图7-4-7　三相正弦交流电压相量图

5)三相交流电流的波形图如图7-4-8所示，写出电流表达式

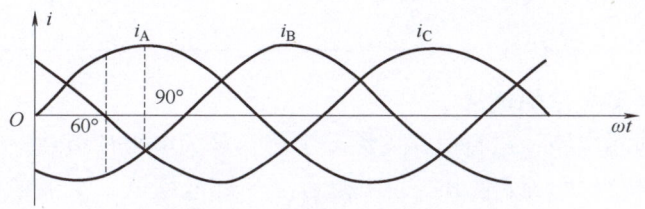

图7-4-8　三相交流电流的波形图

$i_A =$

$i_B =$

$i_C =$

三、三相负载星形联结的测试

电路说明：

三相平衡负载：$Z_A = Z_B = Z_C =$ 灯泡（12V/5W）。

三相不平衡负载：$Z_A \neq Z_B \neq Z_C$，Z_A 为一个灯泡，Z_B 为两个灯泡串联，Z_C 为三个灯泡串联，灯泡规格（12V/20W）。

1. 三相平衡负载电路的测试

1)按图7-4-9所示电路，进行电路安装。每相负载为交流照明灯泡（12V/5W），交流电源的相电压为12V，频率为50Hz。

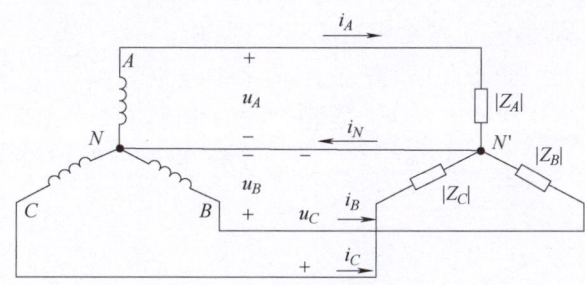

图7-4-9　三相负载星形联结

2）测试每相的相电压及线电压，将测试数据填入表7-4-5中。

3）测试每相的相电流及线电流，将测试数据填入表7-4-5中。

4）测试中线电流，将测量数据填入表7-4-5中。

表7-4-5　三相平衡负载电路测量结果

相电压/V		线电压/V		相电流/A		线电流/A	
U_A		U_{AB}		I_A		I_{AB}	
U_B		U_{BC}		I_B		I_{BC}	
U_C		U_{CA}		I_C		I_{CA}	
中线电流							

2. 三相不平衡负载电路的测试

1）按图7-4-9所示电路，进行电路安装。三相负载为电阻性负载，其中，A相为一个灯泡（12V/20W），B相为两个灯泡串联，C相为三个灯泡串联，交流电源的相电压为12V，频率为50Hz。

2）测试每相的相电压及线电压，将测试数据填入表7-4-6中。

3）测试每相的相电流及线电流，将测试数据填入表7-4-6中。

4）测试中线电流，将测量数据填入表7-4-6中。

表7-4-6　三相不平衡负载电路测量结果

相电压/V		线电压/V		相电流/A		线电流/A	
U_A		U_{AB}		I_A		I_{AB}	
U_B		U_{BC}		I_B		I_{BC}	
U_C		U_{CA}		I_C		I_{CA}	
中线电流							

① 三相对称负载进行星形联结时，在数值上，线电压=_____相电压，在相位上，线电压_____（超前/滞后）于与之相对应相电压30°。

② 三相对称负载进行三角形联结时，在数值上，线电流=_____相电流，在相位上，线电流_____（超前/行后/等于）于与之相对应的相电流。

③ 中线的作用是_____，中线上_____（允许/不允许）串联熔断器。

认识三相交流电任务评分标准见表7-4-7，依照评分标准对任务完成情况进行评价打分。

表 7-4-7 认识三相交流电任务评分标准

任务名称		组别		学生姓名		工位号	
						用时长	
序号	评价项目	评价要点	配分	学生自评	小组互评	教师评价	小计
1	知识理解	能说出三相交流电的含义及相关特点、规律	10				
		能描述三相交流电发电机绕组接法	10				
		能描述星形联结、三角形联结的特点	10				
2	三相电源的测试	能整理出所需要的实训设备、元器件	5				
		能正确测量相关参数	10				
		任务表单填写完整	5				
3	三相负载星形联结的测试	能整理出所需要的实训设备、元器件	5				
		能正确连接电路	5				
		能正确测量相关参数	5				
		任务表单填写完整	5				
4	团队协作	参与组内学习,分享学习成果	10				
5	安全文明	遵守安全文明操作规程,无事故发生	10				
6	清扫清洁	按 6S 要求清理现场摆放器件	10				
总分				100			
教师签名				总计			

1. 三相交流电:由三个频率相同、幅值相等、相位差互差 120°电角度的单相交流电源按规定方式组成的电源。

2. 三相电源、负载连接方法:星形联结、三角形联结。

3. 相电压、线电压

线电压:任意两个相线之间的电压叫作线电压。

相电压:任意一条相线与中线之间的电压叫作相电压。

4. 测量三相电源、负载相关参数。

一、选择题

1. 在工频动力供电电路中，采用星形联结的三相四线制供电，线电压为380V，则（ ）。

    A. 线电压为相电压的$\sqrt{3}$倍   B. 线电压的最大值为380V

    C. 相电压的瞬时值220V   D. 交流电的周期为0.2s

2. 在动力供电电路中，星形联结三相四线制供电，交流电频率为50Hz，线电压为380V，则（ ）。

    A. 线电压的有效值为380V   B. 线电压的最大值为380V

    C. 相电压的瞬时值为220V   D. 交流电的周期为0.2s

3. 相电压是（ ）间的电压。

    A. 相线与相线   B. 相线与中线   C. 中线与地   D. 相线与相线

4. 三相负载星形联结，每相负载承受电源的（ ）。

    A. 线电压   B. 相电压

    C. 总电压   D. 相电压或线电压

5. 三相电源绕组的尾端接在一起的联结方式叫作（ ）。

    A. 角接   B. 星接   C. 短接   D. 对称型

二、判断题

1. 三角形联结的负载每相承受电源的线电压。（   ）

2. 在三相电路中，线电压就是任意两相线间的电压。（   ）

3. 在三相电路中，相电压就是任意两相线间的电压。（   ）

4. 三相负载三角形联结的电路，线电流是指流过相线中的电流。（   ）

5. 三相四线制供电系统中相线与中线间的电压等于相电压。（   ）

项目八

自感与互感的认识

> ➡ 【项目概述】
>
> 　　通过搭建线圈的简单电路,引入对自感、互感现象的学习及其应用——关于变压器和汽车上点火线圈工作原理的探究。

  认识自感与互感

任务导入

汽车电气设备中广泛使用电工设备，例如变压器和汽车点火线圈等，其原理都是基于电磁感应现象中的自感与互感，实现电压的转换。识读任务电路图 8-1-1，搭建互感电路，指出图中线圈的作用；按图连接电路，实现控制功能。

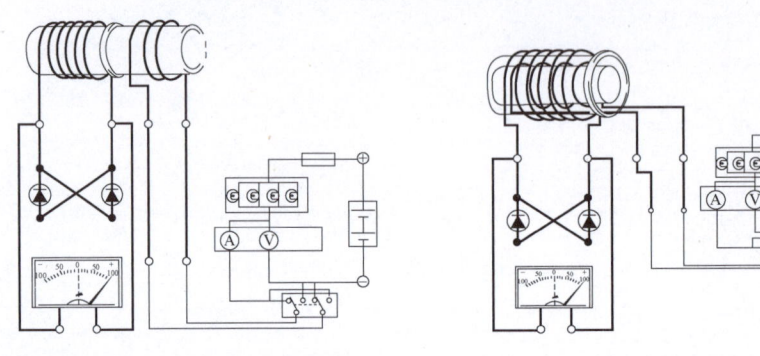

a) 左右互感线圈的结构　　　　　　　　b) 内外互感线圈的结构

图 8-1-1　互感电路图

 任务目标

知识目标	技能目标	素养目标
1. 会叙述自感的定义 2. 会叙述互感的定义	1. 会按图连接简单的互感电路 2. 能依据楞次定律正确控制电路	1. 规范操作，养成一丝不苟、精益求精的职业素养 2. 培养学生缜密思考的主动意识

 知识链接

一、自感

如图 8-1-2 所示，当开关闭合，$t_0 \sim t_1$ 电流增大，磁通量增加，磁通强度随电流增大而增大。按照右手螺旋定则，线圈右端为 N 极。

根据楞次定律，为阻碍线圈内的磁通量增加，线圈自身产生与电源磁通方向相反的磁通量。当反向磁通增加时，产生感应电动势并且使电流沿着与原电流相反的方向流动。该电动势称为反向电动势，如图 8-1-3 所示。

电流在 $t_1 \sim t_2$ 保持恒定值，磁通量在 $t_1 \sim t_2$ 保持恒定。因此，在 $t_1 \sim t_2$ 时间段内无电动势产生。

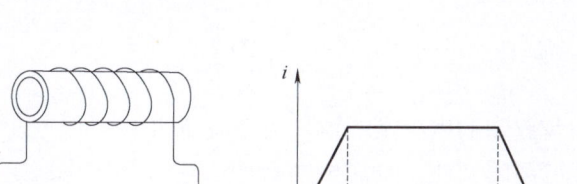

图 8-1-2　开关闭合

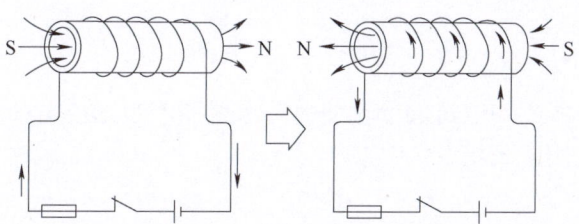

图 8-1-3　开关闭合时原磁场与感应电流的磁场方向

当开关断开，$t_2 \sim t_3$ 电流减小，磁通量随着电流的减小而减少。根据楞次定律，感应电动势阻止磁通量的减少，所以方向与电池电动势方向一致，如图 8-1-4 所示。该电动势也称为反向电动势。

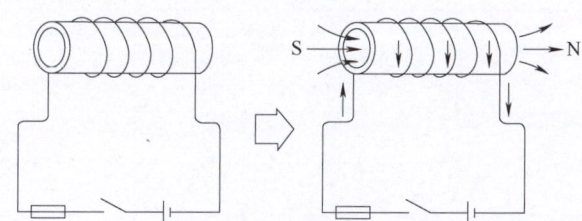

图 8-1-4　开关断开时电池电动势的方向与感应电动势的方向

如前所述，由通入线圈的电流变化而产生感应电动势的现象叫作自感，由自感现象产生的感应电动势叫作自感电动势，用符号 e_L 表示。自感系数是用来描述线圈产生自感磁通能力的物理量。线圈中的磁通量与产生该磁通电流的比值叫作自感系数，又叫作电感，用符号 L 表示，单位是亨利（H），即

$$L = \frac{\Phi}{i}$$

由上式看出，电感表示线圈通过单位外电流所产生的自感磁通。电感越大，表示线圈产生自感磁通的能力越大。电感的大小与线圈的匝数、形状、大小及周围介质的磁导率有关。

自感电动势的大小可由法拉第电磁感应定律求得，即

$$e = \left| -\frac{\Delta \Phi}{\Delta t} \right|$$

因为 $L = \frac{\Phi}{i}$，所以 $\Phi = Li$，且 L 为常数，所以有

$$e_{\mathrm{L}} = \left| -L \frac{\Delta i}{\Delta t} \right|$$

自感电动势的大小与线圈的电感及线圈中外电流的变化率成正比。负号表示自感电动势的方向总是企图阻碍外电流的变化。自感电动势的方向仍使用楞次定律判断。

汽车中的各种电气设备（如交流发电机、转换继电器螺线管、点火线圈、断流点等）在开关启闭时将会产生反向电动势。这些反向电动势将会产生干扰，如两点间产生电弧、汽车音响噪声（静态）等。为防止这类干扰，可用电容、二极管防止反向电动势的产生或用旁路转移反向电动势。

二、互感

互感是指由于一个线圈中电流的变化使另一个线圈产生感应电动势的现象，这个感应电动势称为互感电动势，用 e_{m} 表示。

一、准备工作

按表 8-1-1 准备工具、设备、元器件及导线，检查设备外观是否完好。

表 8-1-1　互感电路元器件清单表

序号	名称	型号与规格	单位	数量
1	蓄电池	DC 12V	块	1
2	开关		只	1
3	保险丝	10A	只	1
4	互感线圈 1（器件 B）		个	1
5	互感线圈 2（器件 C）		个	1
6	微安表		块	1
7	点火线圈	通用	个	1
8	连接线	BVR1.0mm²	根	若干
9	数字式万用表		块	2
10	二极管	VD（12V 2.5A）	只	2

二、连接电路

1）把器件 B（图 8-1-5）的一次绕组与电源连接，二次绕组与微安表连接。

2）电源开关合至左边的瞬间，观察微安表指针变化；断开开关，观察微安表指针变化；开关合至右边，观察微安表指针变化；开关断开，观察微安表指针变化。将观察结果填入表 8-1-2。

 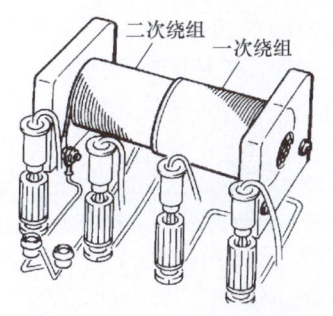

图 8-1-5 器件 B

表 8-1-2 互感（一）观察结果

电源开关状态	微安表	
	指针偏转变化情况	指示值变化情况
开关合至左边瞬间	先向____偏转，再向____偏转	指针指示值为____然后指针指示值为____
开关断开瞬间	先向____偏转，再向____偏转	指针指示值为____然后指针指示值为____
开关合至右边瞬间	先向____偏转，再向____偏转	指针指示值为____然后指针指示值为____
开关断开瞬间	先向____偏转，再向____偏转	指针指示值为____然后指针指示值为____

用楞次定律解释上述现象：

① 开关合至左边的瞬间：电流开始时流经一次绕组，磁感线产生并使其右端为 N 极，如图 8-1-6 所示，一次绕组的磁感线穿越二次绕组。这时二次绕组产生由电磁感应产生的电动势并反作用于一次绕组，阻碍一次绕组的磁感线穿越二次绕组，产生反向电动势。这个电动势的方向与一次绕组作用相反，由于这个电动势使微安表指针正偏，然后指针指零。

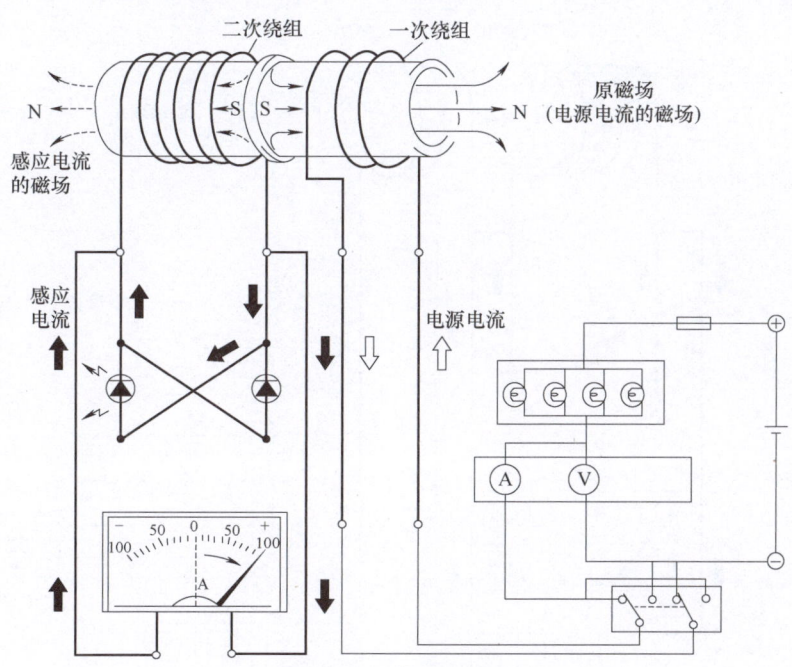

图 8-1-6 开关合至左边

② 开关断路的瞬间流经一次绕组的电流减小并变为零时，磁通量同样地减少。此时，由二次绕组产生的电动势作用于阻止一次绕组磁通量的减少，如图 8-1-7 所示，这个电动势使微安表指针反偏，然后指针指零。

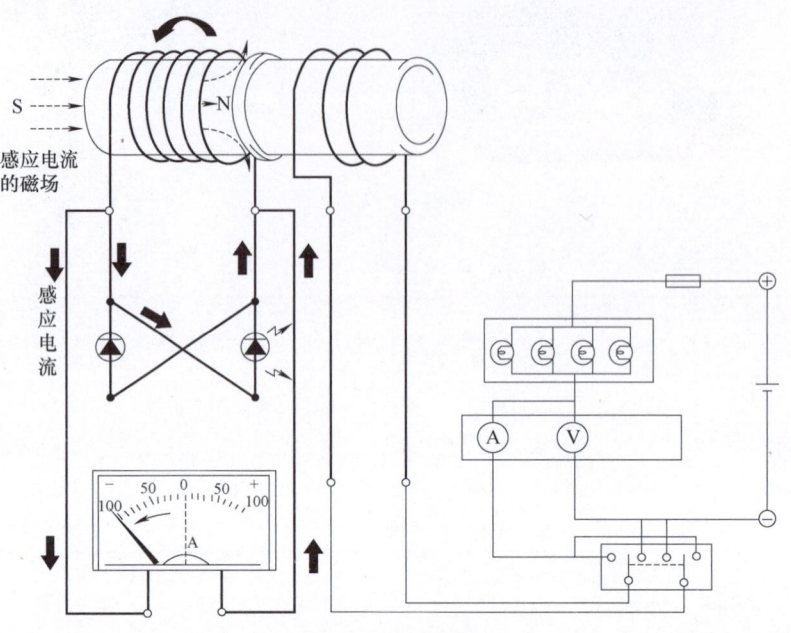

图 8-1-7　开关断开

③ 开关合至右边的瞬间：电流开始时流经一次绕组，一组磁感线产生并使其左端为 N 极，如图 8-1-8 所示。这个电动势的方向与一次绕组作用相反，使微安表指针反偏。

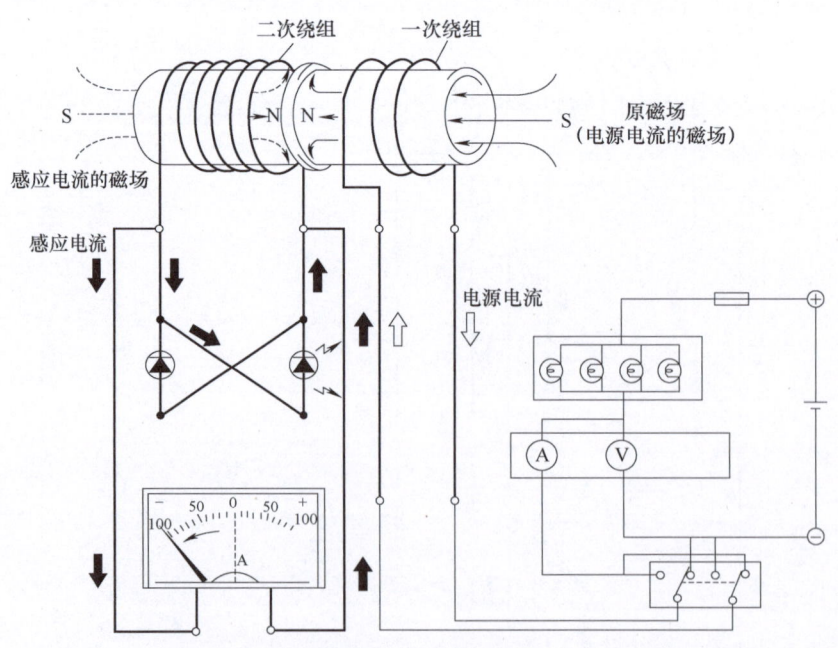

图 8-1-8　开关合至右边

④ 开关断开的瞬间：流经一次绕组的电流减小并变为零时，磁通量同样地减少。此时，由二次绕组产生的电动势作用于阻止一次绕组磁通量的减少，如图 8-1-9 所示，这个电动势使微安表指针正偏，然后指针指零。

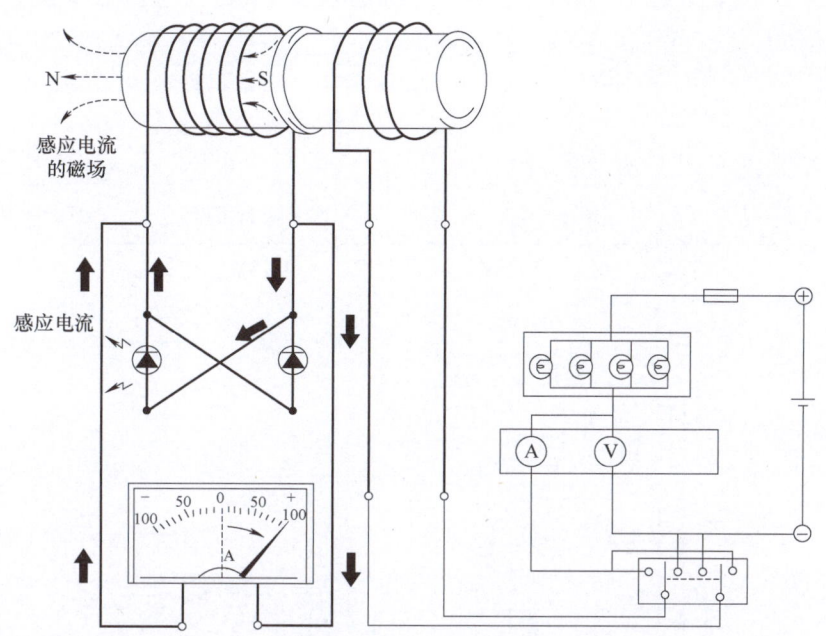

图 8-1-9 开关断开

3）把器件 C（图 8-1-10）的内线圈与电源连接，外线圈与微安表连接。

 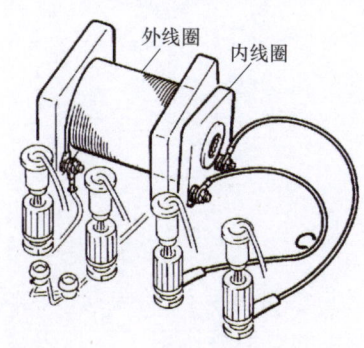

图 8-1-10 器件 C

4）断开开关，观察微安表指针变化；开关合至右边，观察微安表指针变化；开关断开，观察微安表指针变化。将观察结果填入表 8-1-3。

用楞次定律解释现象：

① 开关合至左边的瞬间：电流流经内线圈如图 8-1-11 所示，磁通量产生并使其右端为 N 极，因内线圈产生的磁感线与外线圈相交，该电动势因外线圈电磁感应而产生，并作用于阻止内线圈磁通量增加。由于电动势产生电流使微安表指针正偏，然后指针指零。

表 8-1-3 互感（二）观察结果

电源开关状态	微安表	
	指针偏转变化情况	指示值变化情况
开关合至左边瞬间	先向____偏转，再向____偏转	指针指示值为____然后指针指示值为____
开关断开瞬间	先向____偏转，再向____偏转	指针指示值为____然后指针指示值为____
开关合至右边瞬间	先向____偏转，再向____偏转	指针指示值为____然后指针指示值为____
开关断开瞬间	先向____偏转，再向____偏转	指针指示值为____然后指针指示值为____

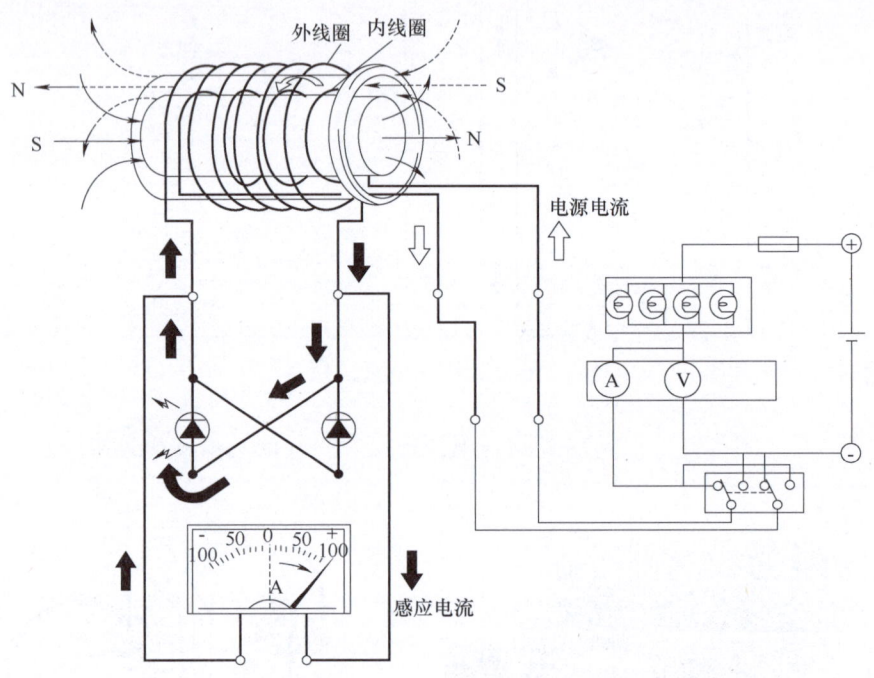

图 8-1-11 开关合至左边

② 开关断路瞬间：流经内线圈的电流减小并最终为零，同时磁感线消失，此情况下，在外线圈产生的电动势作用于阻止内线圈磁通量的减少，如图 8-1-12 所示，由于电动势产生的电流使微安表指针反偏，然后指针指零。

③ 开关合至右边瞬间：电流流经内线圈如图 8-1-13 所示，磁通量产生并使其左端为 N 极，因内线圈产生的磁感线与外线圈相交，该电动势因外线圈电磁感应而产生，并作用于阻止内线圈磁通量增加。由于电动势产生电流使微安表指针反偏，然后指针指零。

④ 开关断路瞬间：流经内线圈的电流减少并最终归零，同时磁感线消失，此时，在外线圈产生的电动势作用于阻止内线圈磁通量的减少，如图 8-1-14 所示，电动势产生的电流使得微安表指针正偏，然后指针指零。

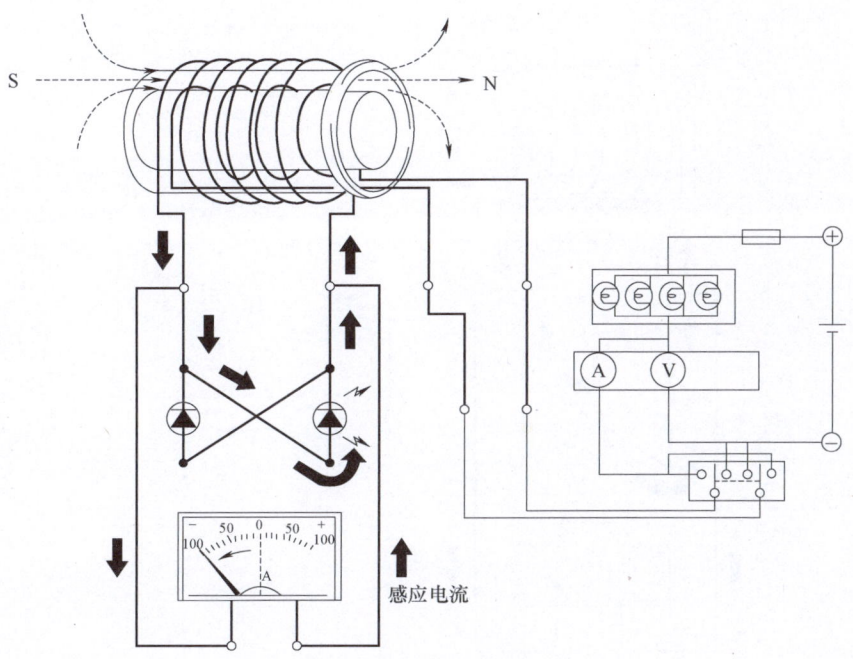

图 8-1-12　开关断开

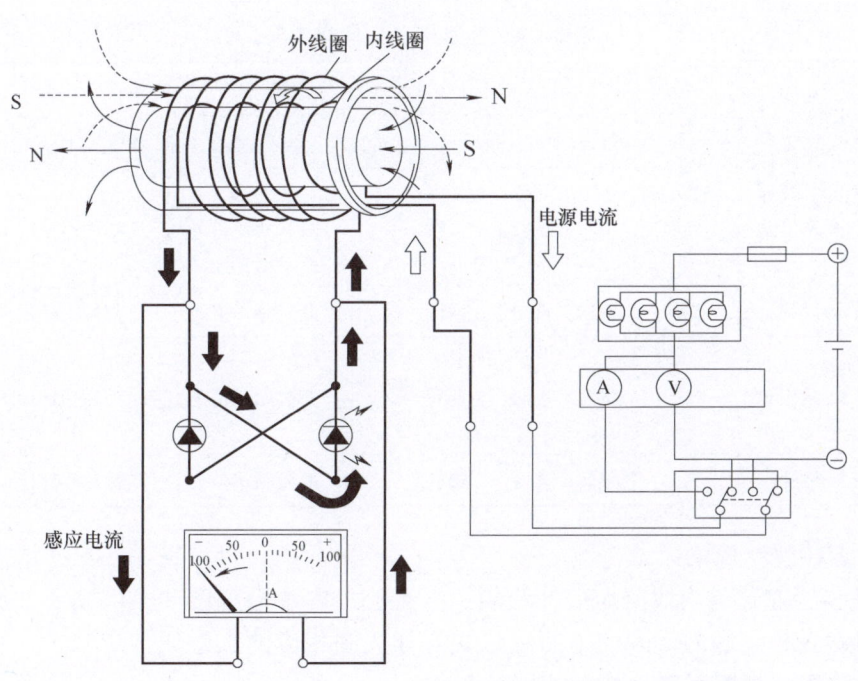

图 8-1-13　开关合至右边

⑤ 开关合至左边，用手抓住内线圈，并从右边拔出。观察微安表指针变化；将内线圈插入外线圈，观察微安表指针变化；开关合至右边，用手抓住内线圈，并从右边拔出。观察微安表指针变化；将内线圈插入外线圈，观察微安表指针变化。将观察结果填入表 8-1-4。

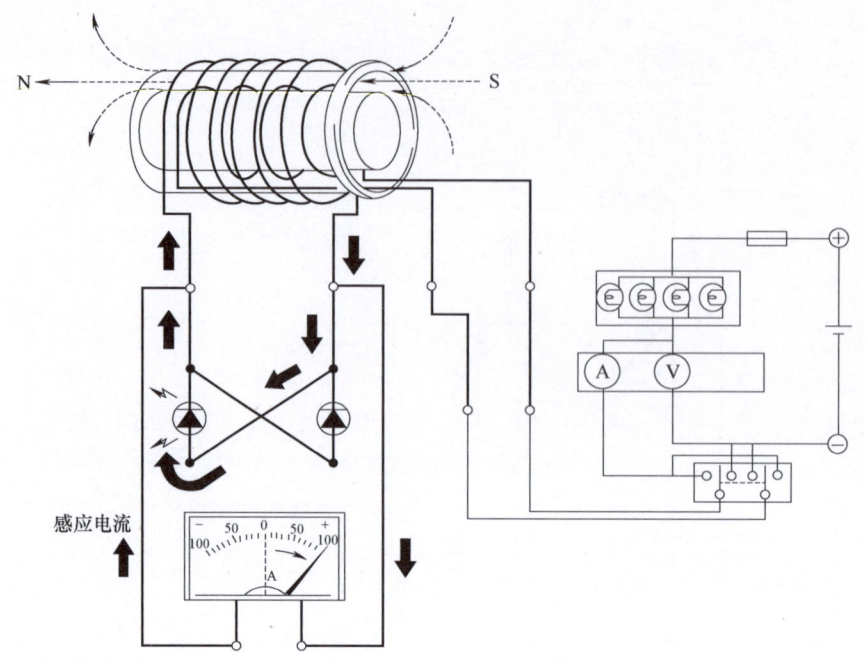

图 8-1-14　开关断开

表 8-1-4　互感（三）观察结果

电源开关状态	微安表	
	指针偏转变化情况	指示值变化情况
开关合至左边，用手抓住内线圈，并从右边拔出	先向____偏转，再向____偏转	指针指示值为____然后指针指示值为____
将内线圈插入外线圈	先向____偏转，再向____偏转	指针指示值为____然后指针指示值为____
开关合至右边，用手抓住内线圈，并从右边拔出	先向____偏转，再向____偏转	指针指示值为____然后指针指示值为____
将内线圈插入外线圈	先向____偏转，再向____偏转	指针指示值为____然后指针指示值为____

用楞次定律解释现象：

① 开关合至左边与内线圈撤离外线圈：电流流经内线圈如图 8-1-15 所示，磁通量产生并使其右端为 N 极，因内线圈产生的磁感线与外线圈相应的磁感线数量减少，由于电磁感应产生了电动势，使微安表反偏，如图 8-1-15 所示。若内线圈运动停止，磁通量就没有变化，导致没电动势产生，微安表指示为零。

② 开关合至左边与内线圈插入外线圈：插入外线圈的磁感线相应增加，因电磁感应产生了电动势，使微安表正偏，如图 8-1-16 所示，该电动势由电磁感应产生并与内线圈的磁通量作用相反，并试图减少内线圈的磁通量。

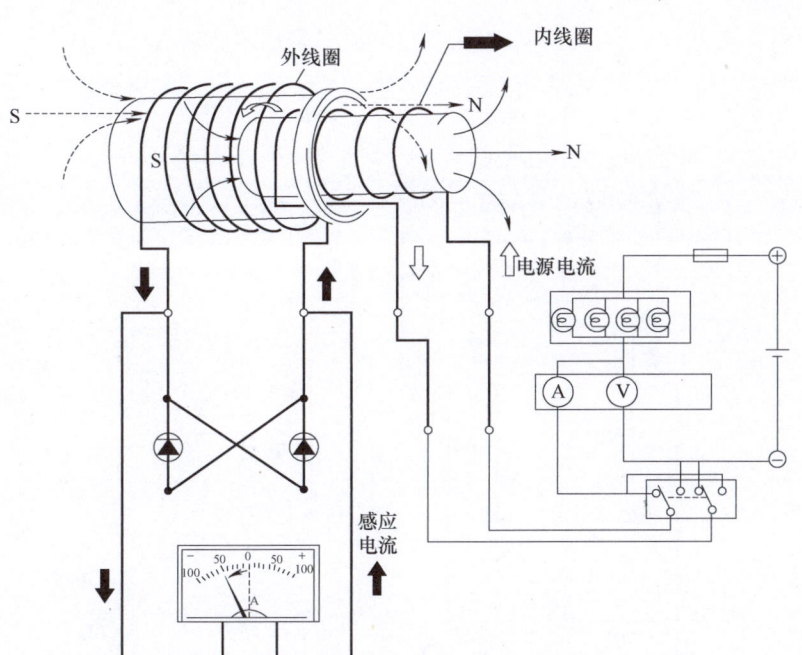

图 8-1-15　开关合至左边与内线圈撤离外线圈

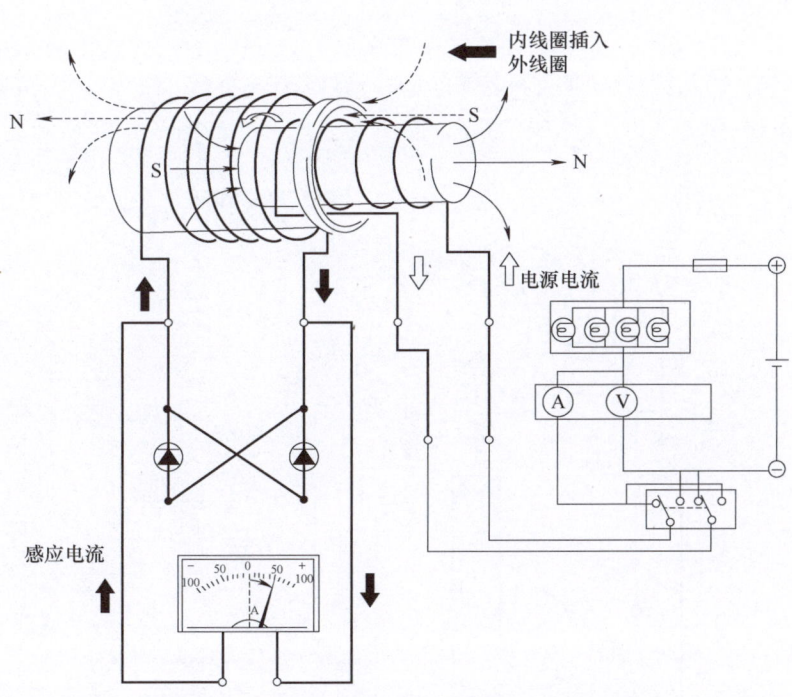

图 8-1-16　开关合至左边与内线圈插入外线圈

③ 开关合至右边与内线圈撤离外线圈：电流流经内线圈如图 8-1-17 所示，磁通量产生并使其左端为 N 极，内线圈所在磁通量与外线圈相交，在内线圈向右方撤离情况下，与外线圈相交的磁感线减少，产生感应电动势，微安表反偏，如图 8-1-17 所示。若内线圈运动

停止，磁通量就没有变化，导致没电动势产生，微安表指示为零。

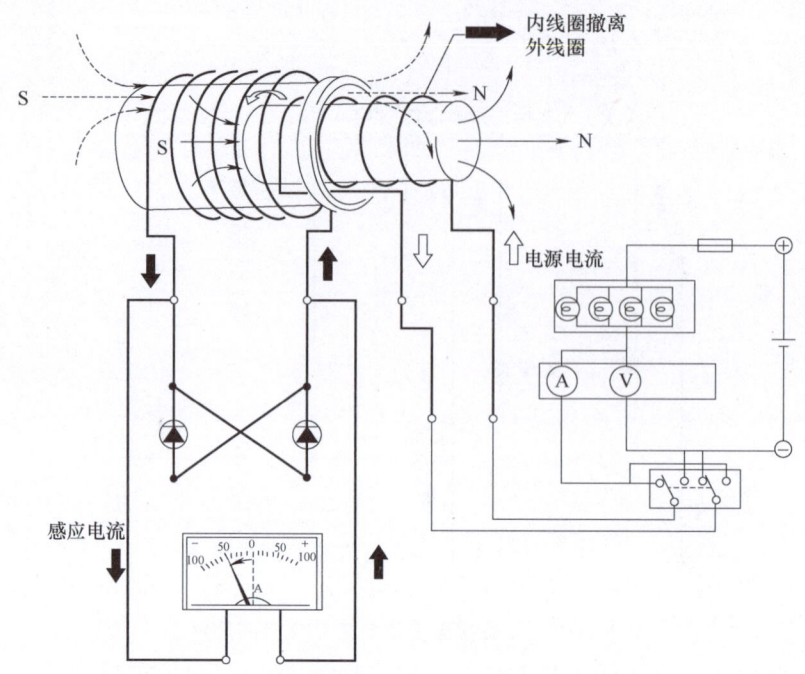

图 8-1-17　开关合至右边与内线圈撤离外线圈

④ 开关合至右边与内线圈插入外线圈：当内线圈插入外线圈时，插入外线圈的磁感线相应增加，因电磁感应产生了感应电动势，使微安表正偏，如图 8-1-18 所示。

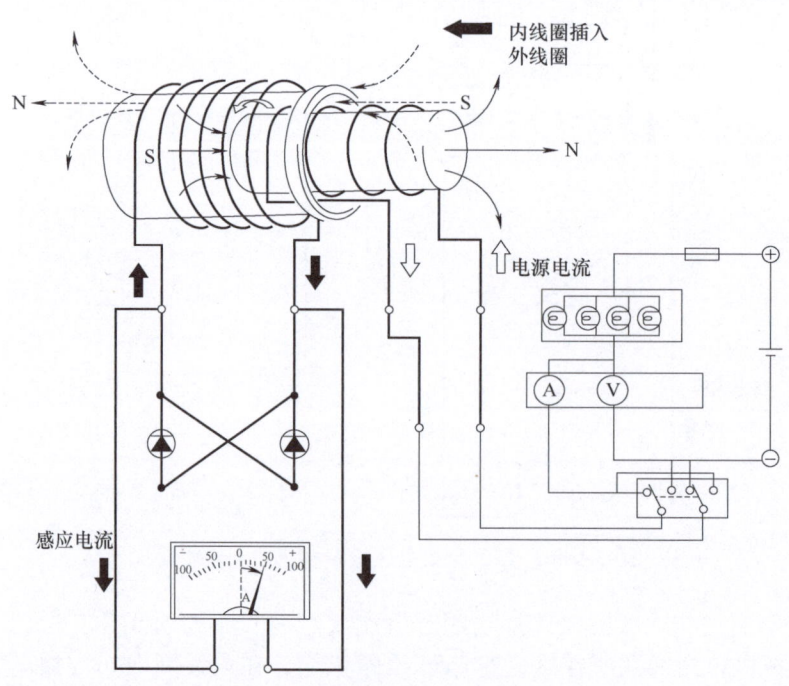

图 8-1-18　开关合至右边与内线圈插入外线圈

三、清理现场

实操结束,断开电源,拆除导线,按 6S 要求,清理现场,收拾工具、设备,整理操作台,清扫场地,完成任务评价表。

搭建互感电路任务评分标准见表 8-1-5。

表 8-1-5　搭建互感电路任务评分标准

任务名称		组别			学生姓名		工位号	
							用时长	
序号	评价项目	评价要点	配分	学生自评	小组互评	教师评价	小计	
1	知识理解	能叙述楞次定律的基本概念	10					
		能叙述自感的基本概念	10					
		能叙述互感的基本概念	20					
2	电路连接	能整理出所需要的实训元器件	10					
		按图正确连接实现功能	10					
		任务表单填写完整	10					
3	团队协作	参与组内学习,分享学习成果	10					
4	安全文明	遵守安全文明操作规程,无事故发生	10					
5	清扫清洁	按 6S 要求清理现场,摆放器件	10					
总分			100					
教师签名					总计			

本任务介绍了自感与互感的原理。

1. 自感的概念

由于线圈本身的电流发生变化而产生的电磁感应现象称为自感。由自感产生的额外电动势称为自感应电动势。自感系数是用来描述线圈产生自感磁通能力的物理量。定义线圈中的磁通量与产生该磁通的电流比值叫作自感系数,又叫作电感,用符号 L 表示,单位是亨利(H)。

电感表示线圈通过单位外电流所产生的自感磁通。电感越大,表示线圈产生自感磁通的能力越大。电感的大小与线圈的匝数、形状、大小及周围介质的磁导率有关。自感电动势的

大小可由法拉第电磁感应定律求得

$$L = \frac{\Phi}{i} \qquad e_L = \left| -L \frac{\Delta i}{\Delta t} \right|$$

自感电动势的大小与线圈的电感及线圈中外电流的变化率成正比。负号表示自感电动势的方向总是企图阻碍外电流的变化。自感电动势的方向仍用楞次定律判断。

2. 互感的概念

由于一个线圈的电流发生变化，而在另一线圈中产生感应电动势的现象称为互感。

一、填空题

1. 自感电动势的大小与线圈的_____和线圈中_____成正比，表达式为_____。

2. 由于一个线圈电流的变化而在另一线圈中产生_____的现象叫作互感，此时产生的电动势叫作_____。

3. 自感系数的定义：线圈的_____和_____的比值，叫作线圈的自感系数，也称为电感。

二、判断题

1. 自感和互感都是电磁感应现象。（   ）
2. 自感和互感现象的本质不同。（   ）
3. 换向线圈中存在自感和互感电动势。（   ）
4. 互感元件的自感恒为正，互感恒为负。（   ）
5. 直流电路中，线圈的自感和互感都为零。（   ）
6. 自感和互感现象总是有益的，不需要考虑如何避免。（   ）

三、选择题

1. 下面有四种说法，（   ）是错误的。

A. 电路中有感应电流必有感应电动势存在

B. 电路中产生感应电动势必有感应电流

C. 自感是电磁感应的一种

D. 互感是电磁感应的一种

2. 自感现象是指线圈本身的（   ）。

A. 体积发生改变而引起的现象，如多绕几圈

B. 线径发生变化的现象，如用粗线代替细线

C. 铁磁介质变化，如在空心线圈中加入铁磁介质

D. 电流发生变化而引起电磁感应现象

3. 互感现象是指：相邻 A、B 两线圈，由于 A 线圈中的（   ）。

A. 电流发生变化，使 B 线圈产生感应电动势的现象

B. 位置发生变化，使 A、B 线圈距离改变的现象

C. 形状微微变化，对 B 线圈没有影响的现象

D. 轴线与 B 线圈的轴线相互垂直时的现象

4. 关于线圈的自感系数，下面说法正确的是（   ）。
A. 线圈的自感系数越大，自感电动势一定越大
B. 线圈中电流等于零时，自感系数也等于零
C. 线圈电流变化越快，自感系数越大
D. 线圈的自感系数由线圈本身的因素及有无铁心决定
5. 互感是（   ）线圈之间发生的电磁感应。
A. 一个 B. 两个 C. 两个或多个 D. 无关个数
6. 关于线圈中自感电动势的大小，下列说法中正确的是（   ）。
A. 电感一定时，电流变化越大，电动势越大
B. 电感一定时，电流变化越快，电动势越大
C. 通过的电流为零的瞬间，电动势为零
D. 通过的电流为最大值的瞬间，电动势最大
7. 关于线圈自感系数的说法，正确的是（   ）。
A. 自感电动势越大，自感系数也越大
B. 把线圈中的铁心抽出一些，自感系数变大
C. 把线圈匝数增加一些，自感系数变大
D. 绕制电感线圈的导线越粗，自感系数越大
8. 自感和互感的单位符号是（   ）。
A. H B. m C. A D. F
9. 关于自感和互感，下列说法正确的是（   ）。
A. 自感线圈中自感系数与回路电流成反比
B. 自感线圈回路的磁通量越大，回路电流中自感系数也越大
C. 有两个线圈，仅线圈1对线圈2的互感系数和互感电动势与线圈2对线圈1的互感系数和互感电动势都一定相等
D. 有两个线圈，仅线圈1对线圈2的互感系数与线圈2对线圈1的互感系数一定相等
10. 关于自感和互感，下列说法正确的是（   ）。
A. 任意两个通电线圈间都有互感现象 B. 任意通电线圈都有自感现象
C. 电流变化越快自感系数就越大 D. 互感系数与电流变化快慢无关
11. 影响互感的因素与自感相比（   ）。
A. 一样多 B. 互感多 C. 自感多 D. 无法确定

　　认识变压器

　　在汽车电气设备中，变压器是一种不可缺少的设备，如汽车点火系统中的点火线圈就是将低电压变为高电压的升压变压器。变压器是互感现象的一种应用，除了用来变换电压外，在各种仪器、设备上还广泛应用变压器的工作原理来完成某些特殊任务。例如，电子仪器中

或收音机中应用变压器来进行信号传递和负载匹配，测量仪表中用来测量高电压和大电流的互感器等。识读任务电路图 8-2-1，搭建变压器电路，按图连接电路，实现控制功能，描述变压器的变换作用。

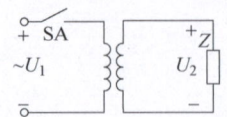

图 8-2-1　变压器电路图

知识目标	技能目标	素养目标
1. 会叙述变压器的基本结构 2. 会叙述变压器变换电压、电流和阻抗的工作原理	1. 会按图连接简单的变压器电路 2. 能依据互感原理控制电路	1. 规范操作，培养一丝不苟、精益求精的职业意识 2. 培养学生的团队协作意识

一、变压器的基本构造

变压器的主要部件是铁心和绕组。铁心由若干层涂有绝缘漆的硅钢片叠成，绕在铁心上的线圈称作绕组，是一种能变换交流电压，而频率不变的静止电气设备。根据铁心与绕组的安装位置可将变压器分为心式和壳式两种。心式变压器的绕组套在两侧的铁柱上，如图 8-2-2 所示。壳式变压器的绕组则只绕在中间的铁心柱上，如图 8-2-3 所示。电力变压器多采用心式，小型变压器多采用壳式。

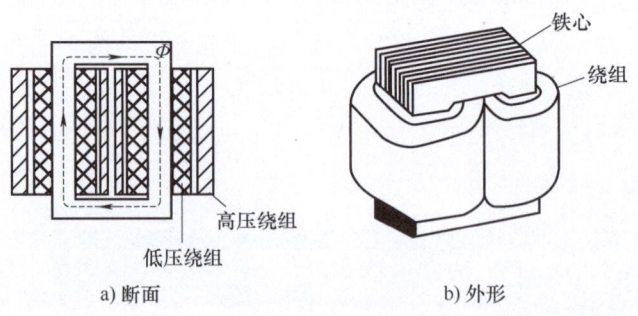

a) 断面　　　　　　　　b) 外形

图 8-2-2　心式变压器

变压器绕组可分为同心式和交叠式两类。同心式绕组的高、低压绕组同心地套在铁心柱上，为便于绝缘，一般低压绕组靠近铁心，如图 8-2-2 所示。同心式绕组结构简单，制造容易，国产变压器均采用这种结构。交叠式绕组都制成饼形，高、低压绕组上下交叠放置。主要用于电焊和电炉等变压器中。

变压器从电源输入电能的绕组称为一次绕组，向负载输出电能的绕组称为二次绕组，电路图中变压器的符号如图 8-2-4 所示。

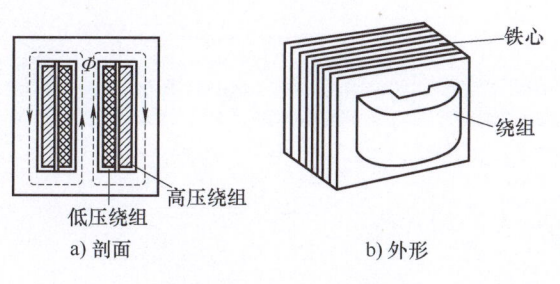

图 8-2-3　壳式变压器　　　　　　　　　　图 8-2-4　变压器的符号

二、变压器的变换作用

1. 变压器变换电压的作用

一次绕组的两端加上交流电压 u_1 时，便有交流电流 i_1 通过一次绕组，在它的作用下产生交变磁通。因为铁心的磁导率比空气的磁导率大得多，绝大部分磁通沿铁心而闭合，它既与一次绕组交链，又与二次绕组交链，称为主磁通 Φ（或称为工作磁通）。此外，还有很少一部分磁通，在穿过原绕组后就沿附近的空间而闭合，如图 8-2-5 中的 Φ_{11}，这部分磁通称为漏磁通。漏磁通一般很少，为了使问题简化可以略去不计。

根据电磁感应定律，交变磁通 Φ 在一次绕组、二次绕组中分别感应出电动势 e_1 与 e_2，则有

$$e_1 = -N_1 \frac{\Delta \Phi}{\Delta t} \qquad e_2 = -N_2 \frac{\Delta \Phi}{\Delta t}$$

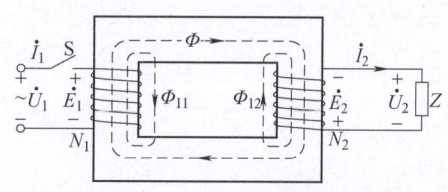

图 8-2-5　变压器电路图

由此可得

$$\frac{e_1}{e_2} = \frac{N_1}{N_2}$$

当只考虑其有效值时，有

$$\frac{E_1}{E_2} = \frac{N_1}{N_2}$$

即一次绕组、二次绕组的电动势之比等于一次绕组、二次绕组匝数之比。

由于一次绕组的电阻很小，它的电阻压降可忽略不计，则 e_1 近似与外加电压 u_1 相平衡。若只考虑其有效值，则有 $U_1 = E_1$。而二次绕组相当于一个电源，在 e_2 作用下两端的电压 u_2 近似与 e_2 相等，即

$$U_2 = E_2$$

于是有

$$\frac{U_1}{U_2} = \frac{E_1}{E_2} = \frac{N_1}{N_2} = K$$

由式可得，变压器一次绕组、二次绕组端电压之比等于电动势之比，也就等于一次绕

组、二次绕组匝数之比。将上式写成 $U_1 = KU_2$，当 $K>1$ 时，$U_2<U_1$，是降压变压器；若 $K<1$ 时，则 $U_2>U_1$，是升压变压器。

2. 变压器变换电流的作用

变压器在变压过程中只起能量传递作用，无论变换后的电压是升高还是降低，电能都不会增加。根据能量守恒定律，在忽略变压器内部能量损耗时，变压器的输出功率 P_2 应与变压器从电源中获得的功率 P_1 相等，即 $P_2 = P_1$。于是，当变压器只有一个二次绕组且负载为纯电阻时，应有下述关系

$$I_1 U_1 = I_2 U_2$$

或

$$\frac{I_1}{I_2} = \frac{U_2}{U_1} = \frac{N_2}{N_1} = \frac{1}{K}$$

由式可得，变压器工作时，一次绕组、二次绕组的电流之比近似地与绕组匝数成反比。这说明变压器有变流的作用。由以上分析可知，变压器负载加大（即 I_2 增加）时，一次电流 I_1 必然相应增加。电能经变压器从一次电路传递到二次电路。

3. 变压器变换阻抗的作用

变压器除有变压和变流的作用外，还可以实现阻抗的变换。设在变压器的二次侧接入阻抗 Z，那么在一次侧看来，这个阻抗相当于多少呢？图 8-2-6 表示变压器及阻抗 Z 对电源 u_1 的作用，可用 Z' 等效表示。则有

图 8-2-6 变压器变换阻抗等效电路图

$$Z' = \frac{U_1}{I_1} = \frac{KU_2}{K^{-1}I_2} = K^2 Z$$

由式可得，变压器二次侧的负载阻抗 Z 反映到一次侧的阻抗值 Z' 近似为 Z 的 K^2 倍，这就是变压器变换阻抗的作用。

任务实施

一、准备工作

按表 8-2-1 准备工具、设备、元器件及导线，检查设备外观是否完好。

表 8-2-1 变压器电路元器件清单表

序号	名称	型号与规格	单位	数量
1	学生用交流电源	0~24V	块	1
2	开关	通用	只	1
3	铁心		只	1
4	线圈1		只	1
5	线圈2		只	1
6	数字式万用表		块	1
7	电阻	100Ω	只	1
8	连接线	BVR1.0mm²	根	若干

二、连接电路

1）如图 8-2-1 所示，一次绕组通交流电源，二次绕组连接阻抗。

2）开关闭合，观察二次绕组万用表电压数值、一次绕组及二次绕组万用表电流数值，并将观察结果填入表 8-2-2。

表 8-2-2　变压器观察结果

开关状态	万用表
开关闭合，二次绕组电压	二次绕组指示值为＿＿＿＿＿＿＿＿＿＿
开关闭合，二次绕组电流	一次绕组指示值为＿＿＿＿＿，二次绕组指示值为＿＿＿＿＿

三、清理现场

实操结束，断开电源，拆除导线，按 6S 要求，清理现场，收拾工具、设备，整理操作台，清扫场地，完成任务评价表。

任务评价

搭建变压器电路任务评分标准见表 8-2-3。

表 8-2-3　搭建变压器电路任务评分标准

任务名称		组别			学生姓名		工位号	
							用时长	
序号	评价项目	评价要点	配分	学生自评	小组互评	教师评价	小计	
1	知识理解	能叙述电磁感应定律的基本概念	10					
		能叙述变压器的工作原理	10					
		能叙述变压器变换电压、电流和阻抗的工作原理	20					
2	电路连接	能整理出所需要的实训元器件	10					
		按图正确连接实现功能	10					
		任务表单填写完整	10					
3	团队协作	参与组内学习，分享学习成果	10					
4	安全文明	遵守安全文明操作规程，无事故发生	10					
5	清扫清洁	按 6S 要求清理现场，摆放器件	10					
总分			100					
教师签名					总计			

本任务介绍了变压器的结构与工作原理。

1. 变压器的构造

变压器的主要部件是铁心和绕组。

2. 变压器的变换作用

电压：$\dfrac{U_1}{U_2}=\dfrac{E_1}{E_2}=\dfrac{N_1}{N_2}=K$

电流：$\dfrac{I_1}{I_2}=\dfrac{U_2}{U_1}=\dfrac{N_2}{N_1}=\dfrac{1}{K}$

阻抗：$Z'=\dfrac{U_1}{I_1}=\dfrac{KU_2}{K^{-1}I_2}=K^2 Z$

一、填空题

1. 变压器是一种能变换_____电压，而_____不变的静止电气设备。

2. 变压器的绕组常用绝缘铜线或铜箔绕制而成，接电源的绕组称为_____，接负载的绕组称为_____。

3. 一次绕组为 660 匝的单相变压器，当一次电压为 220V 时，要求二次电压为 127V，则该变压器的二次绕组应为_____匝。

4. 一台变压器的变压比为 1∶15，当它的一次绕组接到 220V 的交流电源上时，二次绕组输出的电压是_____V。

5. 收音机的输出变压器二次侧所接扬声器的阻抗为 8Ω，如果要求一次侧等效阻抗为 288Ω，则该变压器的变比应为_____。

二、判断题

1. 在电路中所需的各种直流电，可以通过变压器来获得。（　　）
2. 变压器的基本工作原理是电流的磁效应。（　　）
3. 同心绕组是将一次绕组、二次绕组套在同一铁柱的内、外层，一般低压绕组在外层，高压绕组在内层。（　　）
4. 芯式铁心是指线圈包着铁心，其结构简单、装配容易、省导线，适用于大容量、高电压。（　　）
5. 变压器中匝数较多、线径较小的绕组一定是高压绕组。（　　）
6. 变压器既可以变换电压、电流和阻抗，又可以变换相位、频率和功率。（　　）
7. 变压器用于改变阻抗时，变压比是一次阻抗、二次阻抗的平方比。（　　）
8. 当变压器的二次电流变化时，一次电流也随着变化。（　　）

三、选择题

1. 有一台 380V/36V 的变压器，在使用时不慎将高压侧和低压侧互相接错，当低压侧加上 380V 电源后，会发生的现象是（　　）。

A. 高压侧有 380V 的电压输出
B. 高压侧没有电压输出，绕组严重过热
C. 高压侧有高压输出，绕组严重过热
D. 高压侧有高压输出，绕组无过热现象

2. 有一台变压器，一次绕组的电阻为 100，在一次侧加 220 V 交流电压时，一次绕组的空载电流（　　）。

A. 等于 22A　　　B. 小于 22A　　　C. 大于 22A　　　D. 大于或等于 22A

3. 变压器降压使用时，能输出较大的（　　）。

A. 功率　　　　　B. 电流　　　　　C. 电能　　　　　D. 电功

4. 变压器铁心的结构一般分为（　　）和壳式两类。

A. 圆式　　　　　B. 角式　　　　　C. 心式　　　　　D. 球式

5. 变压器的铁心一般采用（　　）叠制而成。

A. 铜钢片　　　　B. 铁钢片　　　　C. 硅钢片　　　　D. 磁钢片

6. 变压器一次绕组、二次绕组因匝数不同将导致一次绕组、二次绕组的电压高低不等，匝数多的一边电压（　　）。

A. 高　　　　　　B. 低　　　　　　C. 可能高也可能低　　D. 不变

7. 变压器匝数多的一侧电流比匝数少的一侧电流（　　）。

A. 大　　　　　　B. 小　　　　　　C. 大小相同　　　D. 以上答案皆不对

8. 变压器电压高的一侧电流比电压低的一侧电流（　　）。

A. 大　　　　　　B. 小　　　　　　C. 大小相同　　　D. 以上答案皆不对

任务三　认识点火线圈

点火系统是点燃式内燃机最重要的系统之一，而发动机点火所需要的高电压是通过点火线圈将蓄电池上的低电电压转换而来的，其中的原理主要就是电磁感应现象中的自感和互感。试根据点火线圈的结构（图 8-3-1），使用万用表检测点火线圈一次绕组、二次绕组电阻，并判断其好坏。

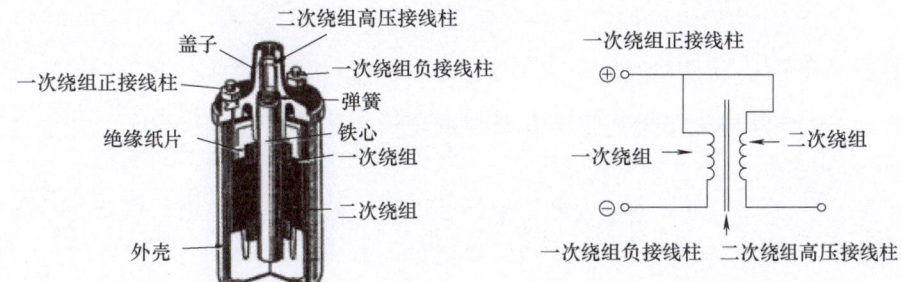

图 8-3-1　点火线圈的结构

知识目标	技能目标	素养目标
1. 会叙述点火线圈的基本结构 2. 会叙述点火线圈的工作原理	1. 能正确检测点火线圈 2. 会依据检测结果判定点火线圈好坏	1. 规范操作，培养一丝不苟、精益求精的职业意识 2. 培养学生团队协作的意识

一、概述

点火线圈由 12V 电池供电，产生一个足够高的电压（10kV 或更高），以此在火花塞产生强火花。

在点火线圈内，一次绕组及二次绕组同被捆绑在同一铁心上，其中，二次绕组的绕组匝数比一次绕组多得多，通过电磁感应（自感和互感）将初级线圈中的蓄电池电压（12V）的点火能量转移到二次绕组中且变成很高的电压（10kV 以上），超过火花塞的击穿电压，最终在火花塞电极上产生火花。

二、点火线圈的结构

点火线圈的结构如图 8-3-1 所示，被线圈缠绕的铁心是由一组细导线和薄硅钢组成的，二次绕组由一组很薄（0.05～0.10mm）的铜线在铁心上缠绕 15000～30000 圈组成的，而二次绕组是由一扎粗铜丝（0.5～1.0mm）缠绕铁心 150～300 圈而构成的。

为了防止相邻芯片的短路，芯片之间都用很薄但很高电阻的纸片相隔。纸圈外壳及其空间内将涂上绝缘油或者混合热的良导体。

一次绕组的一端与二次绕组的负极端口连接，而另一端连向一次绕组的正极端子。二次绕组连接是有要求的，一端的一次绕组正极端子连接初级线圈，而另一端通过导线连向二次绕组高压端子。两个线圈的绕向是一致的，一次绕组在外面。

打开线圈并短路每个芯层，就可以测量每个线圈的电阻阻值。

由于二次绕组被更薄且更多绕圈的铜丝缠绕，与初级线圈相比，其电阻比次级线圈大得多。

三、点火线圈的工作原理

开关闭合，电流从电池正极流出至初级线圈正极端子，流过负极端子，并搭铁流到蓄电池负极，如图 8-3-2 所示。

开关断开，导致一次绕组的电流突然中断，因此，一次绕组的磁通量开始减少。由于一次绕组的自感和二次绕组的互感，阻止当前磁通量的减少，如图 8-3-3 所示。

自感电动势升为 500V，相应的互感电动势升高至约 30kV，在火花塞电极处产生电火花。磁通量增加由于电流中断时间变得更短，所以能在单位时间内产生很大的电压。

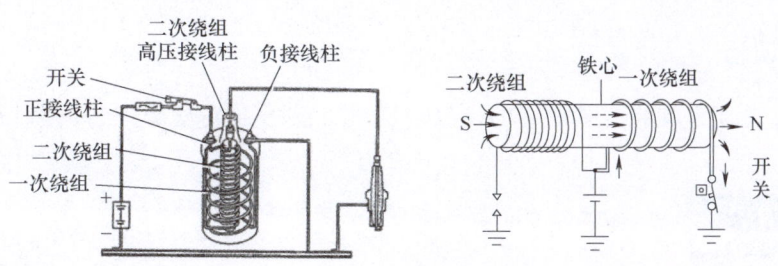

图 8-3-2 开关闭合

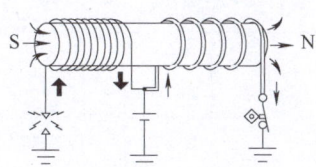

图 8-3-3 开关断开

一、准备工作

按表 8-3-1 准备工具、设备、元器件及导线，检查设备外观是否完好。

表 8-3-1 实训设备及数量

序号	名称	型号与规格	单位	数量
1	数字式万用表		块	1
2	点火线圈	通用	个	1

二、检测元件

1) 将红色表笔插入数字式万用表的正极端（即 V/Ω 插孔），黑色表笔插入数字式万用表的负极端（即 COM 插孔）。

2) 万用表的功能/量程旋钮旋到欧姆档。

3) 打开万用表电源开关。

4) 选择合适的量程。

5) 分别测量一次绕组、二次绕组的电阻值。

如绕组出现开路，绕组的电阻值为∞，测量时数字式万用表显示"1"；如绕组出现短路，绕组的电阻值为 0。

依照图 8-3-1 点火线圈的结构检测一次、二次绕组电阻，将操作结果填入表 8-3-2。

表 8-3-2 点火线圈的检测

一次绕组电阻值		二次绕组电阻值		结果判断
测量档位		测量档位		好□
一次绕组电阻值		二次绕组电阻值		坏□

三、清理现场

实操结束，按 6S 要求，清理现场，收拾工具、设备，整理操作台，清扫场地，完成任务评价表。

点火线圈检测任务评分标准见表 8-3-3。

表 8-3-3　点火线圈检测任务评分标准

任务名称		组别			学生姓名		工位号	
							用时长	
序号	评价项目	评价要点	配分	学生自评	小组互评	教师评价	小计	
1	知识理解	能叙述点火线圈的基本组成	10					
		能叙述点火线圈的工作原理	10					
		会叙述点火线圈的检测方法及判定好坏	20					
2	电路连接	能整理出所需要的实训元器件	10					
		按图正确使用万用表实现检测	10					
		任务表单填写完整	10					
3	团队协作	参与组内学习，分享学习成果	10					
4	安全文明	遵守安全文明操作规程，无事故发生	10					
5	清扫清洁	按 6S 要求清理现场，摆放器件	10					
总分			100					
教师签名			总计					

本任务介绍了汽车点火线圈的结构及工作原理。

1. 点火线圈的结构

点火线圈的结构包含一次绕组、铁心和二次绕组。铁心是由一组细导线和薄硅钢组成的，二次绕组由一组很薄（0.05～0.10mm）的铜线在铁心上缠绕 15000～30000 圈组成的，而一次绕组是由一扎粗铜丝（0.5～1.0mm）缠绕铁心 150～300 圈而构成的。

2. 点火线圈的工作原理

点火线圈由12V电池供电，产生一个足够高的电压（10kV或更高），以此在火花塞产生强火花。

在点火线圈内，一次绕组及二次绕组同被捆绑在同一铁心上，其中，二次绕组的绕组匝数比一次绕组多得多，通过电磁感应（自感和互感）将一次绕组中的蓄电池电压（12V）的点火能量转移到二次绕组中且变成很高的电压（10kV以上），超过火花塞的击穿电压，最终在火花塞电极上产生火花。

思考练习

一、填空题

1. 国产点火线圈按磁路结构可分为_____式和_____式两种。
2. 点火线圈是根据_____原理，将汽车的_____升变为_____。

二、判断题

1. 点火线圈依照磁路分为开磁式及闭磁式两种。（　　）
2. 在传统点火系统中，断电器触点闭合时，点火线圈中突然通入一次电流，引起磁通变化，于是点火线圈二次产生高压，火花塞间隙出现火花放电。（　　）
3. 点火线圈位于发动机顶部位置。（　　）
4. 点火线圈由一个线圈和铁心组成。（　　）
5. 点火线圈损坏，发动机可以正常起动。（　　）
6. 电子点火系统中点火线圈损坏后可以用不同点火线圈替换。（　　）
7. 汽车点火线圈是利用变压器原理制成的。（　　）

三、选择题

1. 点火线圈的作用是（　　）。
   A. 将12V低压电转变为高压电　　B. 将高压电转变为12V低压电
   C. 将高压电转变为更高压电　　D. 以上都不对
2. 为保证点火可靠，一般要求点火系统提供的高电压为（　　）V。
   A. 150～250　　B. 1500～2500　　C. 15000～20000　　D. 15～25
3. 点火线圈由铁心、（　　）、二次绕组、胶木盖、瓷座、接线柱和外壳等组成。
   A. 一次绕组　　B. 中央电极　　C. 侧电极　　D. 衔铁
4. 点火线圈高压线脱落，会造成（　　）。
   A. 高压无火　　B. 高压火弱　　C. 高压火强　　D. 点火错乱
5. 下面关于点火时刻描述正确的是（　　）。
   A. 二次绕组通电的时刻　　B. 二次绕组断电的时刻
   C. 一次绕组通电的时刻　　D. 一次绕组断电的时刻
6. 断电器触点打开时，点火线圈一次绕组产生的电压有（　　）。
   A. 12V左右　　B. 200～300V　　C. 1000V左右　　D. 15～20kV
7. 检测汽车电子控制元件时要使用数字式万用表，是因为数字式万用表（　　）。
   A. 具有高阻抗　　B. 具有低阻抗　　C. 测量精确　　D. 使用范围广

8. 点火线圈的一次绕组阻值范围为（　　）。
A. 1~3Ω　　　　　B. 1~3kΩ　　　　C. 6~30kΩ　　　　D. 6~30Ω
9. 点火线圈的工作原理是（　　）。
A. 自感原理　　　B. 互感原理　　　C. 洛伦兹定理　　D. 磁电效应
10. 点火线圈的原理是（　　）。
A. 电磁感应原理　B. 磁生电原理　　C. 磁场对力的作用　D. 磁场对电流的作用

项目九

半导体器件的认识

> 【项目概述】

　　半导体在收音机、电视机、汽车电路以及测温上有着广泛的应用,如二极管就是采用半导体制作的器件。通过搭建简单的半导体相关电路,引入对半导体、二极管、晶体管等元器件的作用及工作特点的学习。

任务一　认识半导体

任务导入

半导体是指一种导电性可受控制，范围可从绝缘体至导体之间的材料。大部分的电子产品，如计算机、移动电话中的核心单元都和半导体有着极为密切的关联。完成半导体连接电路图如图 9-1-1 所示，当 PN 结加正向电压时，灯泡亮；当 PN 结加反向电压时，灯泡灭。按图连接电路，实现控制功能，指出图中半导体元件工作特点。

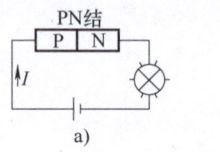 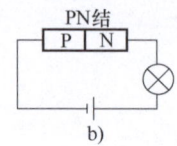

图 9-1-1　半导体连接电路图

任务目标

知识目标	技能目标	素养目标
1. 能说出半导体的特性 2. 会叙述 P 型半导体及 N 型半导体的特征	1. 会按图连接简单的半导体电路 2. 能说出图中半导体元件工作的特点并总结	1. 规范操作，培养一丝不苟、精益求精的职业意识 2. 培养学生团队协作意识

知识链接

一、半导体基本知识

物质按导电能力的不同可分为导体、半导体和绝缘体三大类。金属导体的电导率一般在 10^5 s/cm 量级，塑料、云母等绝缘体的电导率通常是 $10^{-22} \sim 10^{-14}$ s/cm 量级，半导体的电导率则在 $10^{-9} \sim 10^2$ s/cm 量级。

1. 半导体及其特性

导电能力介于导体与绝缘体之间的物质称为半导体，如硅、硒、锗以及大多数金属氧化物和硫化物都是半导体。纯净半导体导电能力差，绝缘性能也不强，既不宜用作导电材料，也不宜用作绝缘材料。但是，温度、光照、掺杂等外界条件能引起半导体导电性能的显著变化，即半导体具有热敏、光敏和掺杂等特性。

（1）热敏特性　半导体的电阻率随温度变化会发生明显地改变。利用半导体的热敏特性，可以制作感温元件——热敏电阻，用于温度测量和控制系统中。

（2）光敏特性　半导体的电阻率对光的变化十分敏感。有光照时，电阻率很小；无光照时,电阻率很大。利用半导体的光敏特性,制作出多种类型的光电器件,如光电二极管、光电晶体管、硅光电池等,广泛地应用在自动控制和无线电技术中。

(3) 掺杂特性 在纯净的半导体中,掺入极微量的杂质元素,就会使它的电阻率发生极大的变化。几乎所有的半导体器件,都是用掺有特定杂质的半导体材料制成的。

2. 半导体分类

半导体可分为本征半导体与杂质半导体。本征半导体指完全不含杂质且无晶格缺陷的纯净半导体。杂质半导体指本征半导体中掺入某些微量元素作为杂质,可使半导体的导电性发生显著变化,例如掺入的杂质主要是三价或五价元素。

3. N 型半导体和 P 型半导体

(1) N 型半导体 在单晶硅(或锗)中掺入微量的五价元素(例如磷),就会在这种半导体中产生大量的自由电子,使其导电能力大大增强,如图 9-1-2b 所示。这种半导体中自由电子数远大于空穴数,所以它主要靠自由电子导电,故称为电子型半导体或 N 型半导体。

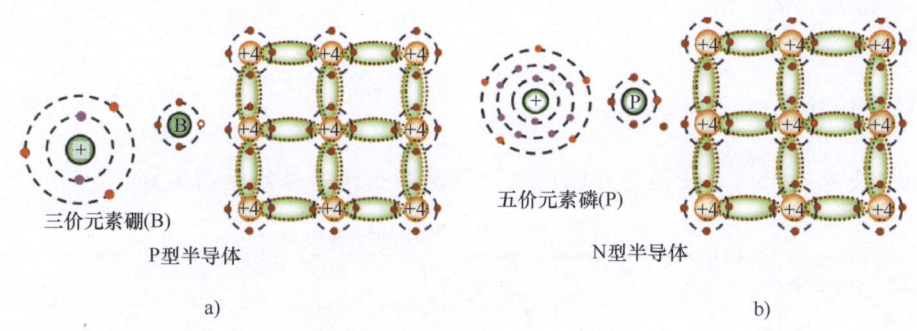

图 9-1-2 P 型半导体和 N 型半导体

(2) P 型半导体 在单晶硅(或锗)中掺入微量的三价元素(例如硼),就会在这种半导体中产生大量的空穴,使其导电能力大大增强,如图 9-1-2a 所示。这种半导体中空穴数远远大于自由电子数,所以它主要靠空穴导电,故称为空穴型半导体或 P 型半导体。

一般情况下,杂质半导体中多数载流子的数量可达到少数载流子数量的 10^{10} 倍或更多,因此,杂质半导体比本征半导体的导电能力可增强几十万倍。

不论是 N 型半导体还是 P 型半导体,其中的多子和少子的移动都能形成电流。但是,由于多子的数量远大于少子的数量,因此起主要导电作用的是多数载流子。

二、PN 结结构

一块 P 型或 N 型半导体,虽具有较强的导电能力,但将它接入电路中,只起电阻作用,不能成为半导体元件。如果在一整块半导体中采取一定的措施,使其一边形成 P 型半导体,一边形成 N 型半导体,这时就会在它们的交界面处产生一种特殊的结构,称为 PN 结。

在 PN 结形成的过程中,多数载流子的扩散和少数载流子的漂移共存。开始时多子的扩散运动占优势,扩散运动的结果使 PN 结加宽,内电场增强。另外,内电场又促使了少子的漂移运动:P 区的少子电子向 N 区漂移,补充了交界面上 N 区失去的电子;同时,N 区的少子空穴向 P 区漂移,补充了原交界面上 P 区失去的空穴。显然漂移运动减少了空间电荷区带电离子的数量,削弱了内电场,使 PN 结变窄。最后,扩散运动和漂移运动达到动态平衡,空间电荷区的宽度基本稳定,即 PN 结形成,如图 9-1-3 所示。

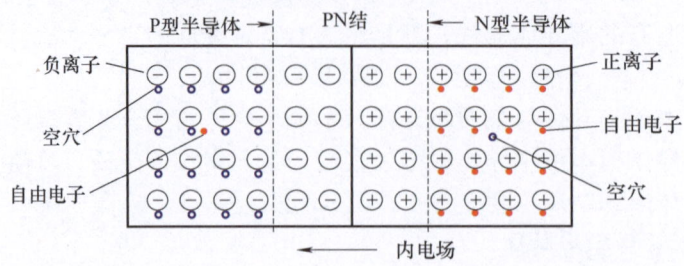

图 9-1-3　PN 结形成过程

PN 结内部载流子基本为零,因此导电率很低,相当于介质。但 PN 结两侧的 P 区和 N 区导电率很高,相当于导体,这一点和电容比较相似,所以说 PN 结具有电容效应。

一、准备工作

按表 9-1-1 准备工具、设备、元器件及导线,检查设备外观是否完好。

表 9-1-1　半导体电路元器件清单表

序号	名称	型号与规格	单位	数量
1	蓄电池	DC 12V	块	1
2	半导体(二极管)	VD(12V 2.5A)	只	1
3	灯	12V/10W	只	1
4	导线	BVR1.0mm^2	根	若干

二、连接电路

依照图 9-1-1 连接电路,要求能实现:PN 结正向接入电路,灯亮;反向接入电路,灯灭。将操作结果填入表 9-1-2。

表 9-1-2　半导体电路操作结果表

步骤	电路名称	灯		电路中的电流	
		亮	不亮	有	无
1	PN 结加正向电压				
2	PN 结加反向电压				

当把 P 区接电源正极,N 区接电源负极,如图 9-1-1a 所示,即称 PN 结加正向电压(又称为正向偏置或正偏),此时灯亮。说明 PN 结呈现较小的正向电阻,电路中存在较大电流,

电流能通过 PN 结，称此时 PN 结处于正向导通状态。当 PN 结加反向电压（又称为反向偏置或反偏），即 P 区接电源负极，N 区接电源正极，如图 9-1-1b 所示，此时灯不亮。说明 PN 结呈现很大的反向电阻，电路中基本无电流，电流不能通过 PN 结，称此时 PN 结处于反向截止状态。由于常温下少数载流子的数量不多，所以反向电流很小，而且当外加电压在一定范围内变化时，反向电流几乎不随外加电压的变化而变化，因此反向电流又称为反向饱和电流。反向饱和电流由于很小，一般可以忽略，从这一点来看，PN 结对反向电流呈高阻状态。

PN 结的上述"正向导通，反向阻断"作用，说明它具有单向导电性，PN 结的单向导电性是它构成半导体器件的基础。

三、清理现场

实操结束，断开电源，拆除导线，按 6S 要求，清理现场，收拾工具、设备，整理操作台，清扫场地，完成任务评价表。

搭建半导体电路任务评分标准见表 9-1-3。

表 9-1-3　搭建半导体电路任务评分标准

任务名称		组别			学生姓名		工位号	
							用时长	
序号	评价项目	评价要点	配分	学生自评	小组互评	教师评价	小计	
1	知识理解	能叙述半导体的性能特点	10					
		能叙述 P 型半导体和 N 型半导体的区别	10					
		能总结半导体工作特色	20					
2	电路连接	能整理出所需要的实训元器件	10					
		按图正确连接实现功能	10					
		任务表单填写完整	10					
3	团队协作	参与组内学习，分享学习成果	10					
4	安全文明	遵守安全文明操作规程，无事故发生	10					
5	清扫清洁	按 6S 要求清理现场，摆放器件	10					
	总分			100				
	教师签名					总计		

本任务介绍了半导体的基本知识及特点。

1. 半导体的概念

导电能力介于导体与绝缘体之间的物质称为半导体。

2. 半导体分类

半导体可分为本征半导体与杂质半导体。本征半导体：完全不含杂质且无晶格缺陷的纯净半导体。杂质半导体：本征半导体中掺入某些微量元素作为杂质，可使半导体的导电性发生显著变化，例如掺入的杂质主要是三价或五价元素。

3. P 型半导体和 N 型半导体及 PN 结特性

1）N 型半导体。在单晶硅（或锗）中掺入微量的五价元素（例如磷），半导体中自由电子数远大于空穴数，主要靠自由电子导电，所以称为电子型半导体或 N 型半导体。

2）P 型半导体。在单晶硅（或锗）中掺入微量的三价元素（例如硼），就会在这种半导体中产生大量的空穴，使其导电能力大大增强，半导体中空穴数远远大于自由电子数，所以它主要靠空穴导电，故称为空穴型半导体或 P 型半导体。无论是 N 型半导体还是 P 型半导体，它们本身仍然是电中性的。

PN 结的单向导电性：正向导通，反向截止。

一、填空题

1. 根据物质导电能力的不同，将物质分成_____、_____、_____三类。
2. 半导体是一种导电能力介于_____和_____之间的物质，最常用的半导体材料有_____和_____。
3. 半导体可分为_____半导体和_____半导体。
4. 多数载子为自由电子的半导体叫作_____半导体，多数载子为空穴的半导体叫作_____半导体。P 型半导体与 N 型半导体接合后便会形成_____结。
5. PN 结具有_____性能，即加正向电压时，PN 结_____；加反向电压时，PN 结_____。
6. PN 结的正向接法为：P 区接电源_____极，N 区接电源_____极。

二、判断题

1. 硅材料半导体称为本征半导体。（   ）
2. 以空穴导电为主的半导体，称为 N 型半导体。（   ）
3. 以正电荷（空穴）导电为主的半导体，称为 P 型半导体。（   ）
4. P 型和 N 型半导体都是本征半导体。（   ）
5. 纯净的半导体称为本征半导体。（   ）
6. N 型半导体又称为电子型半导体，P 型半导体又称为空穴型半导体。（   ）
7. 目前，半导体产业分工越来越细，主要是由于技术越来越复杂，产品需求量越来越大。（   ）

8. N 型半导体在本征半导体中掺入三价元素。（   ）
9. P 型半导体在本征半导体中掺入三价元素。（   ）
10. 本征半导体就是纯净晶体结构的半导体。（   ）
11. 半导体的导电能力随外界温度、光照或掺入杂质不同而显著变化。（   ）
12. 在半导体内部，只有电子能传导电流。（   ）
13. 在 N 型半导体中，掺入高浓度的三价杂质可以改型为 P 型半导体。（   ）

三、选择题

1. 本征半导体是指（   ）的半导体。
   A. 电子浓度和空穴浓度相等   B. 本征载流子浓度和温度无关
   C. 不含杂质和缺陷   D. 高度补偿
2. 对于半导体而言，下面正确的说法是（   ）。
   A. P 型半导体中因为多数载流子是空穴，所以它带正电
   B. N 型半导体中因为多数载流子是自由电子，所以它带负电
   C. P 型半导体和 N 型半导体本身都不带电
   D. P 型半导体中因为多数载流子是自由电子，所以它带负电
3. 空穴半导体也称为（   ）型半导体。
   A. P   B. N   C. W   D. F
4. （   ）半导体称为本征半导体。
   A. 纯净的晶体   B. 硅材料   C. 锗材料   D. 氧化物
5. N 型半导体是（   ）半导体。
   A. 电子型   B. 空穴型   C. 本征   D. 无
6. 对于半导体而言，以下说法正确的是（   ）。
   A. P 型半导体中由于多数载流子为空穴，所以它带正电
   B. P 型半导体和 N 型半导体本身都不带电
   C. P 型半导体和 N 型半导体为了导电，即带正电也带负电
   D. N 型半导体中由于多数载流子为自由电子，所以它带负电
7. N 型半导体是纯净半导体加入（   ）后形成的半导体。
   A. 电子   B. 硼元素（三价）
   C. 磷元素（五价）   D. 负离子
8. 半导体内的载流子是（   ）。
   A. 空穴   B. 自由电子   C. 自由电子与空穴   D. 带电电子

任务二　识别二极管

任务导入

二极管是最常用的电子器件，在汽车电路中的应用很广。由二极管连接电路图（图 9-2-1）可知，二极管正向连接时，灯泡亮；反向连接时，灯泡不亮，其本质仍是 PN 结，具有单向

导电性。通过使用数字式万用表检测识别二极管，学会操作步骤，探索稳压二极管、发光二极管的工作特点。

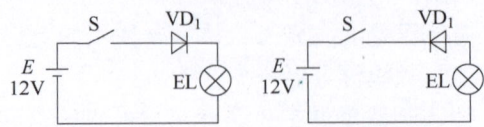

图 9-2-1　二极管正、反向连接电路图

知识目标	技能目标	素养目标
1. 会描述二极管的单向导电性 2. 会叙述稳压二极管、发光二极管的基本工作原理及其在汽车上的应用	1. 能测量区分二极管的正负极 2. 能用万用表判定二极管好坏	1. 培养学生团队协作的意识 2. 规范操作，培养一丝不苟、精益求精的职业意识

一、二极管的外形与符号

二极管用符号 VD 表示或用下列图形表示。三角形尖端标明电流方向。阳极用符号"A"表示，阴极用符号"K"表示，如图 9-2-2 所示。二极管外形封装上一般印有符号或标记，表示二极管的负极，用色带、色点或图示符号表明，如图 9-2-3 所示。

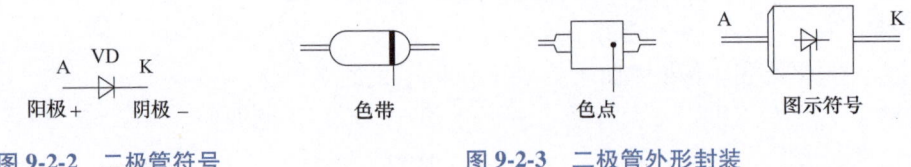

图 9-2-2　二极管符号　　　　　　图 9-2-3　二极管外形封装

二、二极管的分类

二极管按半导体材料可分为硅二极管和锗二极管等，按 PN 结结构可分为点接触型二极管、面接触型二极管和平面型二极管等，按用途可分为整流二极管、检波二极管、稳压二极管、开关二极管、发光二极管和变容二极管等。

三、二极管的特性

二极管本质仍是 PN 结，具有单向导电性。加正向电压时导通，呈现很小的正向电阻，如同开关闭合；加反向电压时截止，呈现很大的反向电阻，如同开关断开。

1. 正向偏置与导通状态

当二极管两端所加的正向电压较小时，正向电流很小，二极管呈现很大的电阻，这个范围称为死区，相应的电压叫作死区电压。硅二极管的死区电压约为 0～0.5V（如图 9-2-4 中的 OB 段），锗二极管的死区电压约为 0～0.2V（如图 9-2-4 中的 OA 段）。外加电压超过死区电压以后，正向电流迅速增大，这时二极管处于正向导通状态，导通后管子两端电压几乎恒定，硅管约为 0.6～0.7V，锗管约为 0.2～0.3V。

2. 反向偏置与截止状态

如施加反向电压，就只有极小电流（"反向漏电流"）通过。但是，如此反向电压增至足够高，那么二极管允许通过的电流会突然急剧增大，使二极管烧毁，这种现象称为反向击穿，相应的电压叫作反向击穿电压，如图 9-2-4 所示。

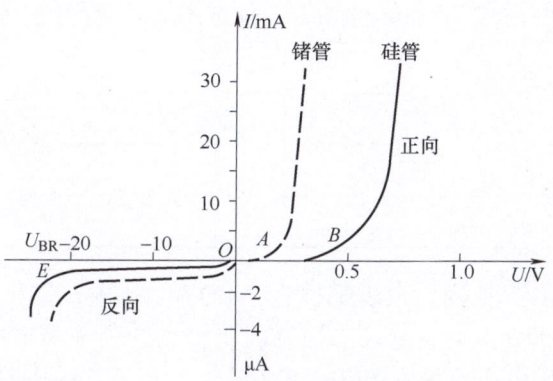

图 9-2-4　二极管的伏安特性曲线

一、准备工作

按表 9-2-1 准备工具、设备、元器件及导线，检查设备外观是否完好。

表 9-2-1　实训设备及数量

序号	名称	型号与规格	单位	数量
1	灯 L_3	12V/2W	只	1
2	稳压二极管 VZ	12V VZ=5～7V	只	1
3	二极管	2AP9、1N4007	只	各1
4	发光二极管	LED	只	1
5	电阻 100Ω	12V 1/4W 已串接 100Ω 电阻	只	1
6	开关		只	1
7	连接线	BVR1.0mm²	根	若干

(续)

序号	名称	型号与规格	单位	数量
8	数字式万用表		块	1
9	滑动电阻器	0~50kΩ	个	1
10	汽车整流器	8管	个	1

二、晶体二极管的测量

用数字式万用表检测2AP9、1N4007、汽车整流器,并将检测结果填入表9-2-2。

表9-2-2 晶体二极管检测结果

型号	测量档位	正向测量值	反向测量值	硅管/锗管	结果判断
2AP9					好□ 坏□
1N4007					好□ 坏□
汽车整流器正极管					好□ 坏□
汽车整流器负极管					好□ 坏□

将红表笔插入"V/Ω"孔内,黑表笔插在"COM"孔内;量程开关转至标有二极管符号的位置;二极管正向测量:黑表笔接二极管的阴极,红表笔接二极管的阳极,如图9-2-5所示。若二极管正常,则电压值为0.5~0.8V(硅管)或0.25~0.3V(锗管);二极管反向测量:黑表笔接二极管的阳极,红表笔接二极管的阴极,如图9-2-6所示。若二极管正常,将显示出"1",若损坏,将显示"000"。

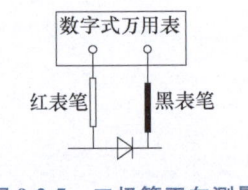

图9-2-5 二极管正向测量

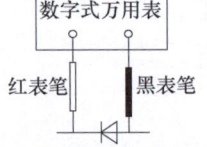

图9-2-6 二极管反向测量

三、稳压二极管

稳压二极管的图形符号如图9-2-7所示。

图9-2-7 稳压二极管的图形符号

1)按图9-2-8所示连接电路,调节可调电阻,当灯亮时,测量稳压二极管的电压值,并将测量结果记录到表9-2-3。

2)改变稳压二极管VZ的连接方向,如图9-2-9所示。调节可调电阻,当灯亮时,测量稳压二极管VZ的电压值,并将测量结果记录到表9-2-3。

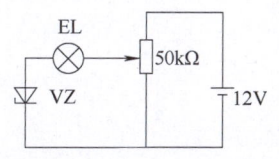
图 9-2-8 稳压二极管正向连接

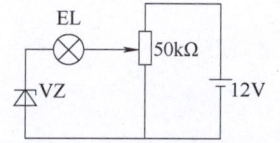
图 9-2-9 稳压二极管反向连接

表 9-2-3 稳压二极管正向、反向连接的测量结果

电路名称	U_Z
稳压二极管正向连接	
稳压二极管反向连接	

① 正向连接：电流流过稳压二极管，与普通二极管一样。

② 反向连接：当电压超过某一个值时，电流流过稳压二极管。

③ 稳压二极管与普通二极管一样，允许电流沿正向移动。但它与普通二极管不同的是，其反向偏置击穿电压比普通二极管低很多。另外，高于击穿电压的电压可以施加在稳压二极管上，而不会将其损坏。当高于击穿电压的电压施加在稳压二极管上时，电流急剧增大，大范围变化，而稳压管两端电压几乎不变化或变化极小，近似稳定。稳压二极管的这种特性使其适用于稳压电路，当把稳压管接入电路以后，若由于电源电压发生波动，或其他原因造成电路中各点电压变动时，负载两端的电压将基本保持不变，如图 9-2-10 所示。

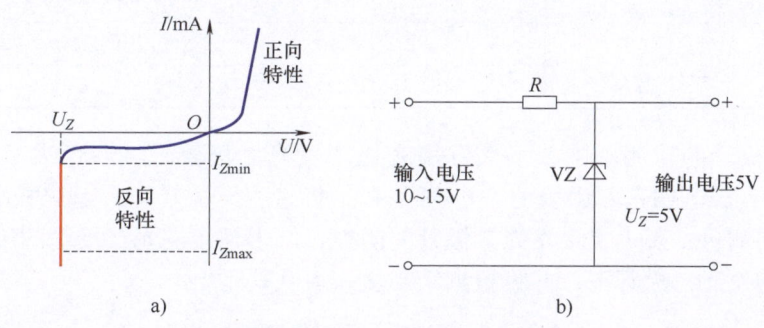

图 9-2-10 稳压二极管的稳压特性

稳压二极管在正常工作时必须与一个电阻串联，此电阻提供了稳压二极管的稳定工作电流。此电阻的阻值根据稳压二极管的参数而有一个取值范围。稳压二极管在工作时一定是正极接低电位，负极接高电位。稳压管的工作范围是在 $I_{Zmin} \sim I_{Zmax}$ 之间。U_Z 称为稳定电压。

四、发光二极管

1) 发光二极管（LED）的图形符号如图 9-2-11 所示。发光二极管有两个引脚，一般长引脚为阳极，短引脚为阴极。另外，发光二极管的管体一般呈透明状，管壳内的电极清晰可见，内部电极较宽、较大的一个为阴极，而较窄、较小的一个为阳极，如图 9-2-12 所示。

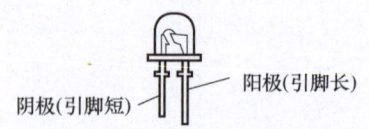

图 9-2-11　发光二极管的图形符号　　　　图 9-2-12　发光二极管引脚示意图

2）按图 9-2-13 所示连接电路，然后合上开关，观察 LED 的状态；改变 LED 的连接方向，如图 9-2-14 电路所示，然后合上开关，观察 LED 的状态，将观察结果记录到表 9-2-4。

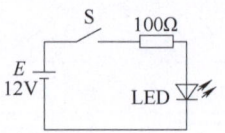　　　　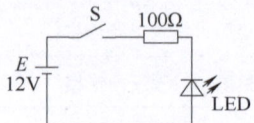

图 9-2-13　发光二极管正向连接　　　　图 9-2-14　发光二极管反向连接

① 在发光二极管正向连接电路中，有电流流过，灯亮。
② 在发光二极管反向连接电路中，没有电流流过，灯不亮。
③ 发光二极管的特性：当电流正向通过时，发光二极管就会发光；比普通灯泡使用寿命长；工作时不像普通灯泡那样热；可在较低电压下工作；耗电少。

表 9-2-4　发光二极管的特性

步骤	电路名称	灯		电路中的电流	
		亮	不亮	有	无
1	发光二极管正向连接				
2	发光二极管反向连接				

3）发光二极管的检测。用数字式万用表检测发光二极管。将红色表笔插入万用表的"V/Ω"孔，黑色表笔插入万用表的"COM"孔。将量程开关转至标有二极管符号的位置。发光二极管正向测量：黑表笔接发光二极管的阴极，红表笔接发光二极管的阳极。若发光二极管是好的，则发光二极管亮，并将检测结果填入表 9-2-5。

表 9-2-5　发光二极管的检测结果

正向测量	反向测量	结果判断
发光二极管：亮□　不亮□	发光二极管：亮□　不亮□	好□　坏□

五、清理现场

实操结束，断开电源，拆除导线，按 6S 要求，清理现场，收拾工具、设备，整理操作台，清扫场地，完成任务评价表。

搭建二极管电路任务评分标准见表 9-2-6。

表 9-2-6　搭建二极管电路任务评分标准

任务名称		组别		学生姓名		工位号	
						用时长	
序号	评价项目	评价要点	配分	学生自评	小组互评	教师评价	小计
1	知识理解	会描述二极管单向导电性	10				
		会叙述稳压二极管的基本工作原理及其在汽车上的应用	10				
		会叙述发光二极管的基本工作原理及其在汽车上的应用	20				
2	电路连接	能整理出所需要的实训元器件	10				
		按图正确连接实现功能	10				
		任务表单填写完整	10				
3	团队协作	参与组内学习，分享学习成果	10				
4	安全文明	遵守安全文明操作规程，无事故发生	10				
5	清扫清洁	按 6S 要求清理现场，摆放器件	10				
总分			100				
教师签名					总计		

本任务介绍了二极管的概念及工作原理。

1. 二极管

二极管用符号 VD 表示，三角形尖端标明电流方向。阳极用符号"A"表示，阴极用符号"K"表示。

（1）二极管的分类　二极管按半导体材料可分为硅二极管和锗二极管等，按 PN 结结构可分为点接触型二极管、面接触型二极管和平面型二极管等，按用途可分为整流二极管、检波二极管、稳压二极管、开关二极管、发光二极管和变容二极管等。

（2）二极管的特性　二极管本质仍是 PN 结，具有单向导电性，如同开关断开。当二极管两端所加的正向电压大于死区电压时，二极管处于正向导通状态，导通后管子两端电压几乎恒定。如施加反向电压大于反向击穿电压，二极管处于反向截止状态。

（3）二极管的测量　用数字式万用表检测二极管。若二极管正常，正向测量时，电压值为 0.5~0.8V（硅管）或 0.25~0.3V（锗管）；反向测量时，正常则显示出"1"，损坏则显示"000"。

用模拟式万用表的 R×100 档,通过测量二极管的正、反向电阻,可测试管子好坏及判别极性。二极管性能良好时,正向电阻较小,反向电阻趋于无穷大。

2. 其他二极管

稳压二极管在正常工作时必须与一个电阻串联,此电阻提供了稳压二极管的稳定工作电流。稳压二极管在工作时一定是正极接低电位,负极接高电位,工作在反向击穿区。

发光二极管的特性:当电流正向通过时,发光二极管就会发光,比普通灯泡使用寿命长;工作时不像普通灯泡那样热;可在较低电压下工作;耗电少。

一、填空题

1. 二极管是将_____封装起来,并分别引出_____和_____两个极。
2. 二极管按半导体材料可分为_____和_____,按 PN 结构可分为_____、_____和_____,按用途可分为_____、_____、_____、_____、_____和_____等。
3. 硅二极管的正向压降约为_____V,锗二极管的正向压降约为_____V;硅二极管的死区电压约为_____V,锗二极管的死区电压约为_____V。
4. 当加到二极管上反向电压增大到一定数值时,反向电流突然增大,此现象称为_____现象。

二、判断题

1. 当二极管的电流-电压关系特性可大概理解为正向导通、反向截止的特性。（   ）
2. 利用二极管的正向特性较陡的特点也能起到稳压作用。（   ）
3. 二极管电压-电流曲线描绘出了电流随时间变化的关系。（   ）
4. 当二极管两端的电压一定时,流经二极管的反向电流还会随环境温度的改变而改变。（   ）
5. 稳压管是一种特殊二极管,通常工作在反向击穿状态,不允许工作在正向导通状态。（   ）

三、选择题

1. 如果二极管的正反向电阻都很大,说明（   ）。
A. 内部短路　　　　B. 内部断路　　　　C. 正常　　　　D. 无法确定
2. 当硅二极管加 0.3V 正向电压时,该二极管相当于（   ）。
A. 很小电阻　　　　B. 很大电阻　　　　C. 短路　　　　D. 开路
3. 二极管的正极电位是−20V,负极电位是−10V,则该二极管处于（   ）。
A. 反偏　　　　B. 正偏　　　　C. 不变　　　　D. 断路
4. 二极管正向导通的条件是其正向电压值（   ）。
A. 大于0　　　　B. 大于0.3V　　　　C. 大于0.7V　　　　D. 大于死区电压
5. 稳压管的稳压区是其工作在（   ）区。
A. 正向导通　　　　B. 反向截止　　　　C. 反向击穿　　　　D. 正向截止

任务三　分析整流电路

任务导入

在汽车交流发电机中，利用二极管组成的整流电路将发电机发出的三相交流电整流为直流电输出。识读任务电路图 9-3-1，搭建整流电路，利用二极管特性，实现交流变直流功能，了解汽车交流发电机的工作过程。

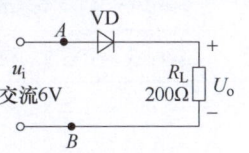

图 9-3-1　单相半波整流电路图

任务目标

知识目标	技能目标	素养目标
1. 会叙述整流工作的原理 2. 会叙述汽车整流电路的工作过程	1. 会按图连接简单的整流电路 2. 能依据整流原理正确控制电路	1. 培养学生团队协作的意识 2. 规范操作，培养一丝不苟、精益求精的职业意识

知识链接

一、整流电路的作用

整流电路是利用二极管（或晶闸管）的单向导电特性，把交流电转变为单向脉动直流电的电路。

二、整流电路的分类

根据所用交流电源的相数，整流电路可分为单相整流、三相整流和多相整流。从整流所得的电压波形看，整流电路又可分为半波整流与全波整流。

任务实施

一、准备工作

按表 9-3-1 准备工具、设备、元器件及导线，检查设备外观是否完好。

表 9-3-1　实训设备及数量

序号	名称	型号与规格	单位	数量
1	二极管	VD	只	4
2	示波器、学生用交流电源	0~24V	个	1

（续）

序号	名称	型号与规格	单位	数量
3	电阻 R_L	200Ω	只	1
4	导线	BVR1.0mm^2	根	若干
5	器件 G（带整流二极管的交流发电机模型）		个	1

二、连接电路

1. 单相半波整流电路（用一个二极管）

按图 9-3-1 所示连接电路，用示波器观察交流输入电压 u_i 和输出电压 U_o 的波形，并将观察结果记录到表 9-3-2。

表 9-3-2　单相半波整流电路观察结果

电压	示波器波形
交流输入电压 u_i	
输出电压 U_o	

由于二极管具有单向导电性，在 u_i 的正半周，A 点为正，B 点为负，二极管外加正向电压，因而处于导通状态。电流从 A 点流出，经过二极管 VD 和负载电阻 R_L 流入 B 点。

在 u_i 的负半周，B 点为正，A 点为负，二极管外加反向电压，因而处于截止状态，$U_o=0$。波形如图 9-3-2 所示。

负载上得到的电压 U_o 是输出电压波形在一个周期中的平均值

$$U_o = \frac{\sqrt{2}}{\pi} u_i \approx 0.45 u_i$$

流过负载的电流为

$$I_o = \frac{U_o}{R_L}$$

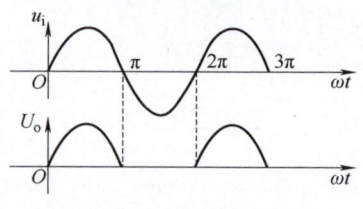

图 9-3-2　半波整流波形

2. 单相桥式整流电路（用四只二极管）

按图 9-3-3 所示连接电路，用示波器观察交流输入电压 u_i 和输出电压 U_o 的波形，并将观察结果记录到表9-3-3。

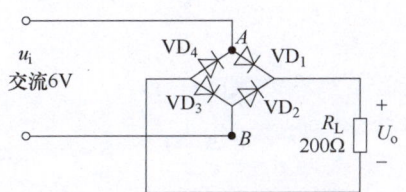

图 9-3-3　单相桥式整流电路图

表 9-3-3　单相桥式整流电路观察结果

电压	示波器波形
交流输入电压 u_i	
输出电压 U_o	

在输入电压 u_i 的正半周，A 点电位最高，B 点电位最低，二极管 VD_1 和 VD_3 正向偏置导通；VD_2 和 VD_4 反向偏置而截止。电流 i_o 流经 VD_1、R_L 和 VD_3，并在 R_L 上产生压降 U_o。

当输入电压 u_i 为负半周，整流二极管 VD_1、VD_3 因加反向电压而截止，VD_2、VD_4 因加正向电压而导通。电流 i_o 流经 VD_2、R_L 和 VD_4，并在 R_L 上产生压降 U_o。

由此可见，在输入电压 u_i 的一个周期内，负载上均有电流通过，方向始终是从上向下，所以负载上得到同一方向的电压 U_o，如图 9-3-4 所示。

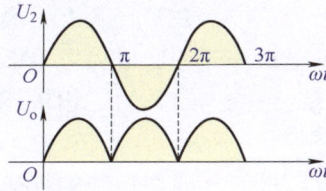

图 9-3-4　单相桥式整流波形图

负载上得到的电压 U_o 是输出电压波形在一个周期中的平均值

$$U_o = \frac{2\sqrt{2}}{\pi} u_i = 0.9 u_i$$

流过负载的电流为

$$I_{\mathrm{o}} = \frac{U_{\mathrm{o}}}{R_{\mathrm{L}}}$$

流过每只二极管的平均电流是负载电流的一半

$$I_{\mathrm{D}} = \frac{1}{2}I_{\mathrm{o}}$$

每只二极管承受的反向电压最大值为变压器二次电压的峰值

$$U_{\mathrm{RM}} = \sqrt{2}\,U_2$$

3. 三相桥式整流电路

汽车的电气组件需要直流电进行运转，蓄电池则需要直流电进行充电。虽然交流电机能够产生三相交流电，但是在三相交流电转换为直流电之前是不能够被汽车充电系统所使用的。

在汽车交流发电机中，就是利用二极管组成的整流电路将发电机发出的三相交流电整流为直流电。为了适应汽车发电机的需要，专门制作了用于汽车的整流二极管，它们分为正极管和负极管，如图 9-3-5 所示。

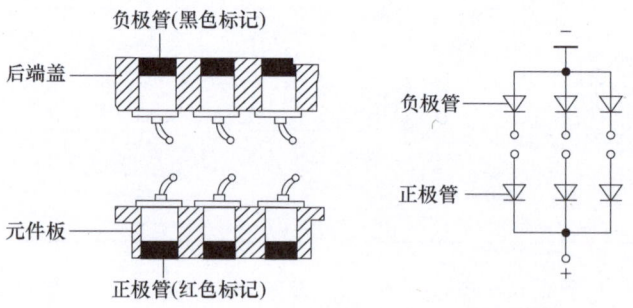

图 9-3-5　汽车交流发电机整流二极管的安装示意图

正极管的外壳为负极，引出极为正极，在管壳底上一般标有红色标记。在负极搭铁的硅整流发电机中，三个正极管的外壳压装在散热板的三个座孔内，共同组成发电机的正极由一个与发电机后端盖绝缘的整流板固定螺栓通至机壳外，作为发电机的相线接线柱"B"（"+""A"或"中枢"接线柱）。

负极管的外壳为正极，引出极为负极，在管壳底上一般标有黑色标记。三个负极管的外壳压装在后端盖的三个孔内，和发电机外壳一起成为发电机的负极。

三个正极管和三个负极管构成的整流电路称为三相桥式整流电路，将发电机的交流电变为 12V 的直流电，整流电路图如图 9-3-6 所示。

在三相交流电源作用下，整流二极管导通应遵守的规律是：三个正极管的正极引出线分别与三相绕组的首端相连。在某一瞬间，只有与电位最高的一相绕组相连的正极管导通。同样，三个负极管的引出线也分别同三相绕组的首端相连。在某一瞬间，只有与电位最低的一相绕组相连的负极管导通。

其整流过程如下：

在 $0 \sim t_1$ 时间内，W 相电位最高，V 相电位最低，使二极管 VD_5、VD_4 导通。电流路径

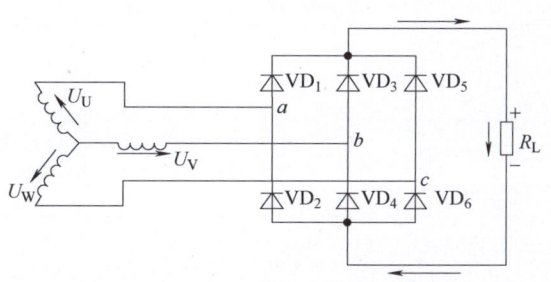

图 9-3-6　三相桥式整流电路图

为：W→VD_5→R_L→VD_4→V。由于二极管内阻很小，所以此时 V、W 之间的线电压几乎都加在负载上。

在 t_1~t_2 时间内，U 相电位最高，V 相电位最低，使二极管 VD_1、VD_4 导通。电流路径为：U→VD_1→R_L→VD_4→V。此时 a、b 之间的线电压几乎都加在负载上。

在 t_2~t_3 时间内，U 相电位最高，W 相电位最低，使二极管 VD_1、VD_6 导通。电流路径为：U→VD_1→R_L→VD_6→W。此时 U、W 之间的线电压几乎都加在负载上。

在 t_3~t_4 时间内，V 相电位最高，W 相电位最低，使二极管 VD_3、VD_6 导通。电流路径为：V→VD_3→R_L→VD_6→W。此时 V、W 之间的线电压几乎都加在负载上。

这样反复循环，从整流二极管出来到负载的电流方向不变，因此，在负载上得到一个比较平稳的直流脉动电压，其电压波形图如图 9-3-7 所示。

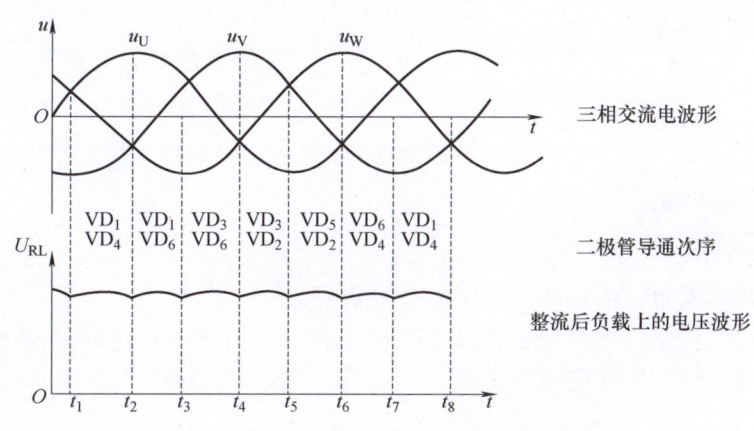

图 9-3-7　三相桥式整流电路电压波形图

三、清理现场

实操结束，断开电源，拆除导线，按 6S 要求，清理现场，收拾工具、设备，整理操作台，清扫场地，完成任务评价表。

搭建整流电路任务评分标准见表 9-3-4。

表 9-3-4　搭建整流电路任务评分标准

任务名称		组别			学生姓名		工位号	
							用时长	
序号	评价项目	评价要点	配分	学生自评	小组互评	教师评价	小计	
1	知识理解	能叙述整流原理	10					
		能依据三相桥式整流电路图，说出工作过程	10					
		能简单叙述汽车交流发电机直流输出工作过程	20					
2	电路连接	能整理出所需要的实训元器件	10					
		按图正确连接实现功能	10					
		任务表单填写完整	10					
3	团队协作	参与组内学习，分享学习成果	10					
4	安全文明	遵守安全文明操作规程，无事故发生	10					
5	清扫清洁	按 6S 要求清理现场，摆放器件	10					
总分			100					
教师签名					总计			

知识点归纳

1）利用一只二极管，可组成单相半波整流电路。

2）利用四只二极管，可组成单相桥式整流电路，它可将交流电转换成直流电。单相桥式整流电路中，每半个周期有相对的两只二极管导通，使负载上得到方向一致的脉动直流电。

3）利用六只二极管，可组成三相桥式整流电路，将三相交流电转换成直流电。

思考练习

一、判断题

1. 桥式整流电路属于半波整流。　　　　　　　　　　　　　　　　　　　（　　）
2. 整流电路包括半波整流和全波整流。　　　　　　　　　　　　　　　　（　　）
3. 桥式整流电路属于全波整流。　　　　　　　　　　　　　　　　　　　（　　）
4. 单相桥式整流电路比单相半波整流电路，整流输出电压平均值低。　　（　　）

5. 在单相桥式整流电路中，若其中一只整流二极管的内部断路，桥式整流电路就变为半波整流电路。（　　）

6. 汽车整流发电机采用的是三相桥式整流。（　　）

7. 汽车发电机上使用稳压二极管整流。（　　）

二、选择题

1. (　　) 称为整流。
   A. 将交流电变换为脉动直流电的过程
   B. 将直流电变换为交流电的过程
   C. 将50Hz的交流电变成150Hz的交流电
   D. 将直流电变成交流电

2. 单相桥式整流电路由（　　）只整流二极管组成。
   A. 三　　　　B. 四　　　　C. 五　　　　D. 六

3. 在单相桥式整流电路中，负载电阻上的直流电压是交流电压的（　　）倍。
   A. 0.9　　　　B. 1.0　　　　C. 1.2　　　　D. 0.45

4. 在单相半波整流电路中，负载电阻上的直流电压是交流电压的（　　）倍。
   A. 0.45　　　B. 0.9　　　　C. 1.0　　　　D. 1.2

5. 在单相桥式和三相桥式整流电路中，（　　）整流电路输出的直流电压脉动最小。
   A. 单相桥式　　B. 三相桥式　　C. 它们的混合　　D. 难以确定的

6. 三相桥式整流电路的特点是（　　）。
   A. 输出直流电压脉动小，电压高
   B. 输出直流电压脉动小，电压低
   C. 采用的整流二极管只数比单相多电路复杂，效率不高
   D. 三相整流二极管的耐压比单相二极管要高，不合算

7. 整流电路有（　　）和三相整流电路。
   A. 单相整流　　B. 两相整流　　C. 四相整流　　D. 以上都对

8. 下列整流电路中整流效率最高的是（　　）。
   A. 半波　　　　B. 全波　　　　C. 桥式　　　　D. 不确定

9. 在整流电路中，整流电流平均值等于流过每只二极管电流平均值的电路是（　　）。
   A. 单相半波整流电路　　　　　　B. 单相桥式整流电路
   C. 单相全波整流电路　　　　　　D. 三相桥式整流电路

10. 汽车发电机整流器的作用是（　　）。
    A. 将定子绕组中的三相交流电变成直流电输出
    B. 将转子绕组中的三相交流电变成直流电输出
    C. 将定子绕组中的直流电变成交流电输出
    D. 将转子绕组中的直流电变成交流电输出

11. 汽车硅整流发电机与蓄电池（　　）。
    A. 同极性相连　　　　　　　　B. 异极性相连
    C. 串接　　　　　　　　　　　D. 搭铁极性相反

 任务四　认识晶体管

任务导入

汽车转向灯的工作原理图如图 9-4-1 所示，是通过晶体管式闪光器实现：汽车左转，左侧转向灯闪烁；汽车右转，右侧转向灯闪烁的转向灯控制电路。识读电路图，指出图中各组成部分名称、作用及工作过程；按图搭建电路，实现转向灯控制功能。

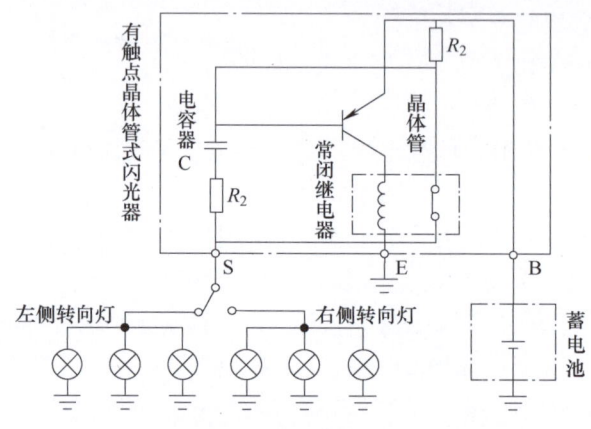

图 9-4-1　汽车转向灯的工作原理图

知识目标	技能目标	素养目标
1. 能说出晶体管的结构、类型、和主要参数 2. 会判断晶体管的工作状态	1. 能按图连接汽车转向灯电路 2. 会叙述转向灯电路工作过程	1. 规范操作、培养良好的工作习惯 2. 树立一丝不苟、精益求精的职业意识

一、晶体管的结构

晶体管是由一块极薄的硅材料或锗材料的半导体基片，经过特殊的工艺加工，制造出两个 PN 结，这两个 PN 结将整个半导体基片分为基区、发射区和集电区三个区域，中间区域是基区。从三个区引出相应的电极，分别为基极 B、发射极 E 和集电极 C。发射极和基极之间形成的 PN 结称为发射结，集电极和基极之间形成的 PN 结称为集电结。按照两个 PN 结组合方式的不同，可将晶体管分为 PNP 型和 NPN 型两种。

不管是 NPN 型还是 PNP 型晶体管，其工作原理完全相同，只是工作电压的极性不同，

因此，三个电极的电流方向相反。两种晶体管的图形符号用发射极箭头方向的不同加以区分，箭头方向表示发射结正向偏置时发射极电流的实际方向，其结构、表示符号如图 9-4-2 所示。

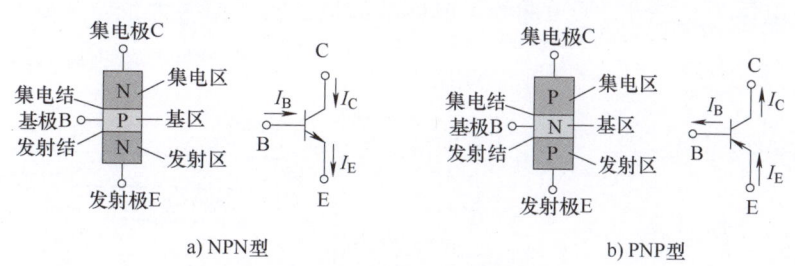

图 9-4-2　晶体管的结构示意图和表示符号

二、晶体管的分类

晶体管按所用材料不同，可以分为硅管和锗管；按管内部结构不同，可分为 NPN 型管和 PNP 型管；按功率大小不同，分为小功率管、中功率管和大功率管；按使用频率不同，分为低频管和高频管；按在电路中的用途不同，可分为放大管和开关管；按封装材料不同，分为金属封装和玻璃封装等。

NPN 型晶体管连接电路图如图 9-4-3a 所示，当有直流电压施加到基极和发射极之间时即施加偏置电压，基极电流 I_B 从基极流向发射极，集电极电流 I_C 从集电极流至发射极。

PNP 型晶体管连接电路图如图 9-4-3b 所示，当有直流电压施加到发射极和基极之间时，基极电流 I_B 从发射极流向基极，集电极电流 I_C 从发射极流至集电极。

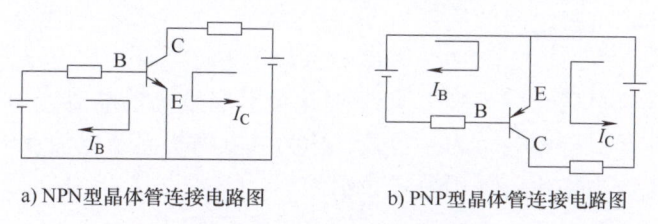

图 9-4-3　晶体管连接电路图

下面主要以 NPN 型晶体管为例进行介绍，结论同样适用于 PNP 型晶体管。

三、晶体管的特性曲线

晶体管的特性曲线是表示晶体管各电极电流与极间电压之间的关系曲线，是分析晶体管各种电路的重要依据，包括晶体管的输入特性曲线和晶体管的输出特性曲线。

1. 晶体管的输入特性曲线

晶体管的输入特性曲线如图 9-4-4 所示，指当晶体管集电极-发射极之间的电压 U_{CE} 一定时，输入电流 I_B 与输入电压 U_{BE} 之间关系的曲线。在输入回路中，晶体管的发射结是一个正向偏置的 PN 结，其输入特性曲线与二极管的正向特性曲线非常相似，同样存在着"死区"。通常把晶体管电流开始明显增加的发射结电压称为导通电压。在室温下，硅管的导通电压约为 0.6~0.7V，锗管的导通电压约为 0.2~0.3V。

2. 晶体管的输出特性曲线

晶体管的输出特性曲线如图 9-4-5 所示，指当晶体管的输入电流 I_B 为某一常数时，输出电流 I_C 与输出电压 U_{CE} 之间的关系曲线。晶体管的输出特性曲线大致分为放大区、截止区和饱和区三个区。

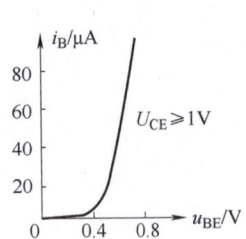

图 9-4-4　晶体管的输入特性曲线

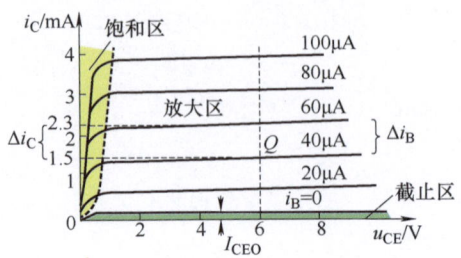

图 9-4-5　晶体管的输出特性曲线

放大区：在此区域晶体管集电极电流受控于基极电流，晶体管具有电流放大的作用。
截止区：在此区域晶体管失去了电流放大作用，相当于一个断开的开关。
饱和区：在此区域晶体管失去了电流放大作用，相当于一个闭合的开关。

四、晶体管的工作状态

晶体管的工作状态有放大状态、截止状态和饱和状态三种。

1. 放大状态

晶体管处于放大状态的条件是发射结正向偏置，集电结反向偏置。特点是集电极电流受基极电流控制。晶体管电极之间的关系为

$$I_E = I_B + I_C$$

当晶体管外加直流电压时，基极电流 I_B 变化会引起集电极电流 I_C 也随着变化，I_C 受 I_B 控制，且比例关系几乎保持不变，为一常数，称为共发射极直流电流放大系数，晶体管的这一特性称为直流电流放大作用。可用公式表示为

$$\bar{\beta} = \frac{I_C}{I_B}$$

当晶体管外加交流电压时，晶体管的交流电流放大倍数为

$$\beta = \frac{\Delta I_C}{\Delta I_B}$$

一般低频时可认为 $\beta \approx \bar{\beta}$，本书统一用 β 表示。晶体管 β 值通常为 20~200。β 值太小，电流放大作用差；β 值过高，晶体管性能受环境因素影响较大。

2. 截止状态

晶体管处于截止状态的条件是发射结反向偏置或零偏，集电结反向偏置。此时，晶体管各极电流均很小，接近于 $I_B = 0$，$I_C = 0$，三个极之间近似看作断路。当晶体管处于截止状态时，集电极和发射极之间的压降为电源电压，如同一个开关处于断路状态，如图 9-4-6 所示。

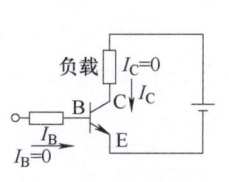 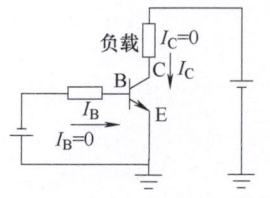 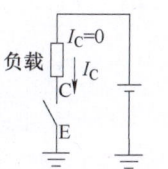

a) 基极未加偏置电压　　　　b) 基极加反向偏压　　　　c) C、E极间断路状态

图 9-4-6　晶体管截止状态图

3. 饱和状态

晶体管处于饱和状态的条件是发射结正向偏置，集电结正向偏置。此时，晶体管 I_C 随着 U_{BE} 的变化而变化，不受 I_B 的控制，晶体管失去电流放大作用，处于饱和导通状态。当 $U_{CE}=U_{BE}$ 时，集电极零偏，晶体管处于临界饱和状态。晶体管饱和时 U_{CE} 的值称为饱和压降，用 U_{CES} 表示。小功率硅管的 U_{CES} 约为 0.3V，锗管的 U_{CES} 约为 0.1V。当晶体管处于饱和状态时，如同一个开关处于闭合状态，相当于短路，如图 9-4-7 所示。

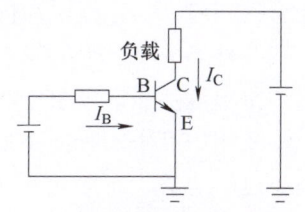 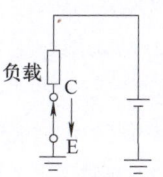

a) 基极加较大正向偏压　　　　b) C、E极间导通状态

图 9-4-7　晶体管饱和状态图

晶体管主要用于电路中电流信号的放大，即工作在放大区。在汽车控制电路中，晶体管通常作为电子开关器件，控制电路或负载的通断，此时，晶体管工作在截止区和饱和区。

一、准备工作

按表 9-4-1 准备工具、设备、元器件及导线，并检查外观是否完好。

表 9-4-1　转向灯电路元器件清单表

序号	名称	型号与规格	单位	数量
1	蓄电池	DC 12V	块	1
2	灯泡	DC 12V	只	6
3	晶体管闪光器		只	1
4	汽车转换开关		只	1
5	导线	BVR1.0mm²	根	若干

二、连接电路

依照图 9-4-1 连接转向灯电路,实现灯泡闪烁。测量 U_{BE} 电压,并将实验现象及测量结果填入表 9-4-2。

表 9-4-2　转向灯电路测量结果表

步骤	实验现象	继电器状态	U_{BE} 电压	现象说明
1	灯泡发亮			
2	灯泡熄灭			

三、叙述转向灯电路工作过程

打开左转向信号灯开关时,电流由蓄电池正极→闪光器接线柱 B→电阻 R_1→继电器的常闭触点→接线柱 S→转向灯开关→左转向信号灯→搭铁→蓄电池负极,左转向信号灯点亮。当电流通过电阻 R_1 上产生电压降,晶体管因正向偏压而导通,集电极电流通过继电器线圈,使触点立即打开,左转向信号灯随之熄灭。晶体管导通的同时,其基极电流向电容器充电。

左转向信号灯熄灭后,电流由蓄电池正极→接线柱 B→晶体管的发射极→基极→电容器→电阻 R_2→接线柱 S→转向灯开关→转向灯→搭铁→蓄电池负极。随着电容器电荷的积累,充电电流逐渐减小,晶体管的集电极电流也随之减小,线圈中产生的磁力不足以维持衔铁的吸合而释放,继电器触点重又闭合,转向灯又再次点亮。这时电容器通过电阻 R_2、继电器触点放电,放电电流在 R_2 产生的电压降为晶体管提供正向偏压使其导通。这样,电容器不断地充放电,晶体管也就不断地导通与截止,控制继电器触点反复开闭,使转向信号灯闪烁。

四、清理现场

实操结束,断开电源,拆除导线,按 6S 要求,清理现场,收拾工具、设备,整理操作台,清扫场地,完成任务评价表。

搭建转向灯电路任务评分标准见表 9-4-3。

表 9-4-3　搭建转向灯电路任务评分标准

任务名称				组别		学生姓名		工位号		
								用时长		
序号	评价项目		评价要点		配分	学生自评	小组互评	教师评价		小计
1	知识理解		会判断晶体管的工作状态		20					
			能叙述晶体管的开关特性		10					
			会描述转向灯的工作过程		10					

(续)

序号	评价项目	评价要点	配分	学生自评	小组互评	教师评价	小计
2	电路连接	能整理出所需要的实训元器件	10				
		按图正确连接实现功能	10				
		任务表单填写完整	10				
3	团队协作	参与组内学习,分享学习成果	10				
4	安全文明	遵守安全文明操作规程,无事故发生	10				
5	清扫清洁	按 6S 要求清理现场,摆放器件	10				
总分			100				
教师签名				总计			

知识点归纳

晶体管有两结（集电结、发射结）三区（放大区、截止区、饱和区）三极（基极、集电极、发射极）三个工作状态（放大、截止、饱和）。按结构可分为 NPN 和 PNP 两种类型。晶体管是一个电流控制器件，当其工作在放大区，用一个很小的基极电流就能控制一个很大的集电极电流或发射极电流，从而实现晶体管对信号的放大作用，实现"以小控大"。

晶体管的主要作用是将电路中的电流信号放大，即工作在放大区，处于放大状态。作为开关使用时，控制电路或负载的通断，工作在截止区和饱和区，处于截止和饱和状态。

思考练习

一、选择题

1. 某晶体管的发射极电流为 1mA，基极电流等于 25μA，正常工作时它的集电极电流为（　　）。

   A. 0.975mA　　　　B. 0.75mA　　　　C. 1.025mA　　　　D. 1.25mA

2. 晶体管的集电结反偏，发射结正偏时，晶体管处于（　　）。

   A. 饱和状态　　　　B. 截止状态　　　　C. 放大状态　　　　D. 开关状态

3. 晶体管具有放大作用，其实质是（　　）。

   A. 晶体管可把小能量放大成大能量　　　　B. 晶体管可把小电压放大成大电压

   C. 晶体管可把小电流放大成大电压　　　　D. 晶体管可用小电流控制大电流

4. 为了保证放大作用，放大器中的晶体管一定要（　　）。

   A. 发射结正偏，集电结反偏　　　　B. 发射结正偏，集电结正偏

   C. 始终工作在饱和区　　　　D. 静态时处于饱和区

5. 为了保证开关作用，电路中的晶体管一定要（　　）。

A. 发射结正偏，集电结反偏　　　　　　B. 发射结正偏，集电结正偏
C. 工作在饱和区和截止区　　　　　　　D. 静态时处于饱和区

二、判断题

1. 放大电路的三种组态，都有功率放大作用。（　　）
2. 晶体管的发射结和集电结是同类型的 PN 结，所以晶体管在作为放大管使用时，发射极和集电极可相互调换使用。（　　）
3. 晶体管集电极和基极上的电流总能满足 $I_c=\beta I_b$ 的关系。（　　）
4. 晶体管发射极、集电极和基极上的电流总能满足 $I_E=I_B+I_C$ 的关系。（　　）
5. 电流放大倍数 β 的值越大越好。（　　）

三、根据下图中晶体管各电极上的电位值判断其工作状态。

$V_B=0.7V$　$V_C=4V$　$V_E=0$
a)

$V_B=4.8V$　$V_C=4.5V$　$V_E=4V$
b)

$V_B=0.7V$　$V_C=-4V$　$V_E=0$
c)

参 考 文 献

[1] 林俊标. 汽车电工电子基础 [M]. 北京：机械工业出版社，2022.
[2] 段京华. 汽车电工电子技术与技能 [M]. 2版. 北京：机械工业出版社，2023.
[3] 侯立芬. 汽车电工电子技术 [M]. 北京：机械工业出版社，2023.
[4] 刘建平. 汽车电工电子基础 [M]. 2版. 北京：高等教育出版社，2021.